よりみち部落問題

角岡伸彦 Kadooka Nobuhiko

★――ちくまプリマー新書

477

目次 ＊ Contents

はじめに

〝ふるさと〟という言葉には、どこか郷愁を感じさせるものがあります。多くの人は、子供の頃のさまざまな思い出がつまった場所としてイメージするのではないでしょうか。

私もその例外ではありません。ただ、私の場合は少々事情があって、生まれ育った場所には複雑な思いがあります。

というのは私のふるさとは、日本の身分制、賤民の歴史が関係する被差別部落にあるからです。文字通り、差別されてきた地域です。

えらいところに生まれてしまったなあ……。知れば知るほど〝呪われた土地〟に生まれた運命をなげいたものです。ボクも部落差別を受けるんだろうか……。漠然とした不安におそわれた日もありました。

被差別部落という名称もよくないですね。「部落」という言葉が集落を意味するため、それと区別するために戦後につくりだされた言葉なんですが、差別される地域って、誰が住みたいと思うのでしょうか？　名づけた人に問いただしてみたいものです。みんながみんな差別を受けているわけでもないですし。

被差別部落はどういうところなのか？　一般的には〝こわい場所〟として見られているようです。では、住みづらい場所かというと、けっしてそうではありません。部落も部落外も住んだことがあるので自信をもって言えます。どこに住もうが、利点と難点はあるものです。部落は、外側と内側のイメージのギャップが激しい場所と言えるかもしれません。

被差別部落にかかわる部落問題は、私にまとわりつく影のような存在でした。できたら付いてきてほしくないのだけれど、ずっとつきまとわれている感じ。そのうちつきまとわれているのか、自分がつきまとっているのか、わからなくなりました。影がいつの間にか、自分の中に入ってきた、とでも言いましょうか。

部落問題を考え続けて、かれこれ半世紀になります。その長さに、自分でも驚いています。何度か距離を置こうと考えたこともありました。国外に脱出してしまえば、おさらばできるのではないか。実際にその準備もしましたが機会を逃し、いまだに日本にいてこの本を書いています。

被差別部落に生まれていなければ、もっと違う人生があったのに……。そう考えると、運命とあきらめるしかありません。もっとも、与えられた試練と考えれば、そこから何かを得ることは可能かもしれません。私はそのように考える性格なのです。

フリーライターという職業は、人を取材したり資料を読み込んだりして文章を書いて発表し、ものごとを読者に伝えます。これまで少なくない被差別部落を取材してきましたが、いっそ自分というフィルターを通して、この問題を描けないかと考えました。さまざまな出会いや葛藤から、被差別部落を浮き彫りにすることができるのではないか……。

でも、普通に書いても面白くない。考えあぐねていたときに、習っている英会話の先生が、ある日、こんな問いを発しました。

「誰もいない荒野に、君一人だけがいたらどうする？」

いや、そんなことを言われても……。先生は矢継ぎ早に、問いかけます。

firstly（最初は）
then（それから）
afterthat（そのあとは）
finally（最後は）

「さあ、順番に答えてみよう！」

荒野にたたずむ自分を想像しました。すると部落問題についてあれこれ思い悩んだ日々と重なってくるではありませんか！　地図を持たない旅のようなものだったのです。

そうだ、この手法でみんなに部落問題を紹介したらどうだろう。出会いから現在まで、難物だったこの問題と私の関係をたどってみる。そのときどきで、何を感じ、考えていたか。おぼろげな記憶と、書き残した文章、それに取材した話も入れたい――。

少年から青年、中年、現在に至るまでの私を通して、部落問題の半世紀と今後の展望について語ります。

（引用文には、一部ふり仮名を、誤字には文字の右横に原文ママを意味する「ママ」を付けました）

第一章

Firstly　最初は——出会いと不安

出身地は「差別されてきた地域」

今から半世紀ほど前の一九七〇年代はじめのことです。小学三年生になった春、私は生まれ育った地域の仲間とともに、小学校の体育館に集められました。教師が、やや緊張した表情で話し始めました。

「君たちが生まれたのは、ブラクと呼ばれるところで、差別されてきた地域です。差別に負けないために、放課後に地域の公民館で勉強していきましょう」

ブラク？　初めて聞いた言葉でした。漢字で「部落」と書くこと、「被差別部落」とも呼ばれることを後に知ります。

「はじめに」でも述べたように、「部落」は、集落という意味もありますが、この本で「部落」と書く場合は、例外なく被差別部落を指します。

その後、地域の公民館で毎週おこなわれるようになった人権学習で、部落について学びました。当時の説明は、以下のようなものでした。

「江戸幕府は、士・農・工・商の下に『エタ』『非人』という賤民《せんみん》身分を作りました。

賤民は、徳川幕府の圧制に苦しむ農民たちの不満をそらす役割を果たしました」

おおむね、そのような説明でした。高学年の社会科でも、ほぼ同じ内容のことが伝えられました。ちなみにエタは、平仮名や漢字でもあらわします。

江戸幕府によって政治的に賤民身分が作られた説を近世政治起源説と言います。ところがこの学説は、現在では完全に否定されています。部落の起源は、江戸幕府の政策によって形成されたわけではなく、それ以前にさかのぼることができます。また、中世以降に広がった穢《けが》れなどの民衆の意識も、部落の形成に関係したとも言われています。

漢字表記の「穢多《えた》」は、「穢れ」が「多い」と書きます。穢れがエタ身分に密接にかかわっていたことが考えられます。

現在はどのように教えられているのでしょうか。高校の日本史の教科書には、江戸時代の武士や町人、職人などの説明のあと、賤民について次のように説明されています。

これらの身分とは別に、えたや非人とよばれる身分の人々がいた。えた身分の人びとは、農業や皮革《ひかく》製造やわら細工などの手工業を行って生計を立てたが、死牛馬の処理や行刑役《ぎょうけい》も強いられた。非人身分の人々は、芸能や物乞《ものご》い、村や町の番人、清掃などで生活していた。えたや非人身分の人々は、居住地や衣服・髪型などで他の身分の人々と区別され、他の身分との交際を禁じられ、賤視《せんし》の対象となった。(『日本史探究』東京書籍、二〇二二年)

「士農工商」という言葉は、一切出てきません。また、江戸幕府が賤民制度をつくったとも書いていません。昔の歴史学は、ずいぶんいい加減だったんだなぁ。あらためてそう思います。

ちなみに「士農工商」は中国の古典に出てくる言葉で、日本の身分制を指したものではありません。

「エタ・非人」は私に関係があるのか?

その起源はともかく、小三の時に聞いたエタ・非人に関する教師の説明は、私にはピンときませんでした。江戸時代の身分制度と自分が、何の関係があるのか? 当時の私には、さっぱり理解できなかったのです。

部落に生まれ育ったけれど、それまでに差別を受けた経験がなかったことも、この問題を身近に感じることができなかった理由のひとつに挙げることができます。被差別部落という言葉が示すように、部落は差別とは切り離せません。ところがその被差別経験がないのです。少なくとも小三までは。

部落は、他の多くの被差別者・マイノリティとは異なり、「違い」が見えにくいのが特徴です。なにせ江戸時代以前の身分が関係するというのですから、小学生が理解するには無理があります。一〇歳前後で「君は○○だ」と社会的立場を言われても、それを自覚できる土壌がありません。○○が何であっても、同じだったかもしれません。

放課後に地元の公民館でおこなわれた課外授業は、私が住んでいた兵庫県では「解放学級」という名称がついていました。現在住んでいる大阪では「解放子ども会」と呼ばれていたようです。

「解放」は、差別から解《と》き放《はな》たれることを意味します。では、なぜ、解放学級は設立されたのでしょうか。ここで部落問題と私の家の歴史を簡単に説明しておこうと思います。

まずは部落問題から。明治政府は西洋に追いつけ追い越せとばかりに近代化を図り、さまざまな取り組みをおこないました。その一つが、賤民身分の廃止です。

急な変化は絶対イヤ！　らしい……

一八七一年（明治四）の「解放令」の発布によって、エタ・非人などをはじめとする賤民は、制度上はなくなりました。「解放令」は後に名づけられた名称ですが、それによって賤民が解放されたわけではないので、以下「　」を付けます。

「解放令」が出された一八七一年は、おぼえやすい年号です。「エタ、非人と言わない《1871》ようにしよう」と記憶すればいいのです。

賤民は、早ければ平安時代の荘園制度の発展とともに成立し、江戸時代には制度として確立していました。長年続いてきた賤民身分制度は、近代に入り、法的に廃止されたからといって、人びとの意識がすぐに変わったわけではありません。

「解放令」が発布された一八七一年には、「散髪脱刀令」も発布されています。いわゆる「断髪令」です。江戸時代以前は、人びとは髷《まげ》をゆっていたのですが、それをやめよという法律です。

「断髪令」の二年後に、敦賀県（現・福井県）でそれに抵抗した人びとについて、読売新聞に記事が出ています。同県では明治五年（一九七二）に「散髪説諭」を発表します。以下は記事の一部で、（　）内は角岡の註です。

同県（福井県）の今立郡で翌6年3月、小坂村（現・鯖江《さばえ》市河和田町）戸長宅に泊まった男が、村人の髪を強引に切ったことから、人々の怒りに火がつく。群衆が竹やりなどを手に押し寄せ、戸長宅を打ち壊す。一揆というべき騒乱だ。

西洋文化に倣《なら》う新政府の新政策は、キリスト教を広めるものだという誤解も、混乱を加速させる。蜂起は膨れ上がり、周辺へと及んだ。

断髪を勧《すす》める戸長らが攻撃の対象となり、放火された家もあった。野岡村（現・越前市野岡町）副戸長、古川木戸兵衛の家は現存し、襲撃された際の鍬《くわ》の傷が残るという。

敦賀県は大阪鎮台に出兵を要請し、士族も召集。最後は大砲を放ち鎮圧する。

今立郡に前後して大野、坂井両郡でも一揆が起き、参加者は3郡で推計約3万人。しょく罪金の支払いなど処分を受けた者は8000人を超え、死罪となった者もいた(二〇一八年二月二七日付大阪本社版夕刊)。

明治の世になっても、日本では髷を結っている人がほとんどだったんですね。断髪することに抵抗があり、一揆まで起こっていたわけです。

一揆の先導者は、断髪強制はキリスト教改宗への先触れだとの風評を広めたため、仏教徒や明治政府の新しい政策に反発した農民が加勢したと言われている――という専門家の談話も載っています。

記事によると、髷を切った人の普及率は、東京では断髪令と「解放令」から四年後の一八七五年(明治八)頃が二五%、一八七七年(明治十)頃に六〇%に上昇し、一八八八年(明治二一)頃に丁髷《ちょんまげ》姿は街からほぼ消えた、とあります。

断髪令の発布から、人びとが完全に髷を切るまでに、一七年もかかっています。首都の東京でさえこうなのだから、地方ではもっとかかったことでしょう。

このように昔ながらの風習を変えることに、人びとは抵抗がありました。身分意識についてては、なおさらと言えるかもしれません。

「一緒にするな」の気持ち

日常生活において、賤民身分と一番接していたのは百姓でしょう。江戸時代の百姓は全人口の八~九割を占めていましたし（藩によって異なります）、賤民身分は彼らの小作人として働くことが多かったのです。

ところが「解放令」で、それまで見下していた身分の人びとが、自分たちと同じになったわけです。それに耐えられなかった人びとが「解放令」の反対一揆を起こした地域もあります。あいつらと一緒にされたくない、という思いが強かったわけです。

近代化と差別について、国外に目を転じてみましょう。

たとえばアメリカでは、一七世紀以降、アフリカ大陸などから連れてこられた黒人を奴隷として酷使していました。「解放令」の発布からわずか八年前の一八六三年に、エイブラハム・リンカーン大統領（一八〇九‐一八六五）が、「奴隷解放宣言」を発表します。しかし奴隷の存在は制度上において廃止されましたが、長らく黒人の地位は向上しませんでした。

多くのアメリカ人は、人種が違うことを理由に、黒人を差別し続けました。バスの座席、トイレなどの公的な場が、黒人・有色人種の区別なく使えるようになるには、奴隷解放宣言から一〇〇年以上を経た一九六〇年代まで待たなければなりませんでした。人種による差別を禁じた公民権法が制定されたのは六四年です。

日本ではその一年後の一九六五年に、部落問題の解決を審議する政府の諮問機関・同和対策審議会が、部落問題について「その早急な解決こそ国の責務であり、同時に国民的課題である」と明記した答申を発表します。

そして答申から四年後、「解放令」が発布されてからおよそ百年が経った一九六九年以降、日本政府と各自治体は、部落問題に対する取り組みを始めます。どこの国・地域においても、差別に気付き、それに取り組むのには膨大な時間がかかっています。

これは差別は自然にはなくならないことを意味しています。なくならないからこそ、マイノリティは差別に反対するために自らの立場を明らかにし、国や自治体に差別解消の働きかけをしなければならなかったのです。

新しい「区別」って?

アメリカの黒人問題は人種、日本の部落問題は身分にかかわる差別で、その性質は異なりますが、制度の廃止や反差別運動の高まりと取り組みにおいて、時期的に共通するものがあります。

一八七一年に「解放令」が発布されたあと、「エタ」「非人」という言葉は、死語になるはずでした。ところが多くの人びとの意識は変わらないままなので、同じ呼び方をするか、新しいそれを作るかして、旧賤民を区別(=差別)しました。

人口の多くを占めていた百姓は、明治時代に入ると戸籍上は「平民」になりました。賤民だった人たちも同じです。ところが旧賤民は「新平民」などと言われ区別、差別されました。

また、明治時代の後期になると、行政が一般集落と区別するために「特殊部落」という言葉を使い始めました。

「特殊」という言葉を辞典で調べると「その物事が、一般的な普通の物事と性質などが大きく異なっているさま」(『日本語新辞典』松井栄一編、小学館、二〇〇五年)とあります。当時の人びとの部落に対する視線・視点をあらわしてはいないでしょうか。多くの人は、部落はわれわれとは違う、と見ていたわけです。

「特殊部落」という言葉は、閉鎖性をあらわす言葉として使われ続けました。「芸能界・政界は特殊部落だ」というふうに。部落の人たちは、そのように区別・差別されることは問題だと考えました。

「新平民」や「特殊部落」という言葉が、単に一般集落と区別するために使われただけではありません。そもそも部落外と部落には、差別―被差別という関係がありました。問題はその関係であり、それが言葉にあらわれているのです。

それらの差別や差別語(差別をする際に用いられる言葉)に対して、部落の人たちの中から部落解放運動が興《おこ》ります。その象徴が、一九二二年(大正一一)に部落の人びとが立ち上がった全国水平社の結成です。

「侮蔑ノ意志」を許さない

では、部落の人びとは、どんな差別に怒っていたのか？　やはりその多くは、死語になるはずだった「エタ」「非人」という言葉でした。

全国水平社創立大会で配布された「決議」の冒頭には、次の文章があります。

吾々《われわれ》ニ対シ穢多及ヒ特殊部落民等ノ言行ニヨツテ侮蔑ノ意志ヲ表示シタル時ハ徹底的糾弾ヲ為《な》ス

「穢多」「特殊部落」という言葉を使って差別する者は、徹底的に追及する、と述べています。

真っ先に言葉の問題を挙げたのは、「解放令」の発布から五〇年以上が経っても、これらの言葉が死語ではなく、日常生活の中で語られていたからでしょう。

司法省（現・法務省）が、一九二七年（昭和二）に出した『司法研究　第五輯』には、全国水平社結成前後の糾弾件数が掲載されています。

差別的言辞ニ対スル糾弾数 年次	司法省刑事局調 糾弾事件数
大正十一年度	六九
大正十二年度	八五九
大正十三年度	一〇四六
大正十四年度	一〇二五

水平社が結成された翌年は、前年の一〇倍以上に増えていることがわかります。では、何が糾弾されたのか。同年四月に広島県内で起こった糾弾の概要を、前掲書から見ていきましょう。（　）内は角岡の注釈です。また、読みやすいよう句読点を付けました。

豊田郡豊浜村　差別観念から部落民に対し、混浴時間を制限したるに因《よ》る

広島市紙屋町　穢多等の侮蔑的言辞を弄したるに因る

豊田郡竹仁村　地方改善演説会の席上に於《おい》て普通民（非部落民）が差別的言辞を発したと言う事から紛議となった

佐伯郡八幡村　差別的言辞を発したるため

佐伯郡友原村　一普通村民が婚姻披露の際、新平民は招待せぬと称し、部落民を差別したと云うに原因する

阿佐郡安村　田中種一方店員が部落民の面前に於て、言辞と形容とに依《よ》って侮蔑したと云うことに因る

広島市栄町　差別的言辞を弄《ろう》す

安芸郡仁保村　差別的言辞を弄したるに原因す

冒頭の「混浴」とは男女別ではなく、部落民とそうでない者が分けられていたことを示しています。この資料には「解決方法」も書かれているのですが、「其《そ》の制限を撤廃

して、混浴を随時たらしめ解決した」とあります。

アメリカや南アフリカでは、六〇年代～八〇年代までは、バスの乗車やトイレの使用が人種によって分けられていたのですが、大正一二年（一九二三年）の日本でも、同じような差別があったのです。

八つのケースのうち、入浴問題を除く七つのケースで、「侮蔑的言辞」「差別的言辞」があったことが報告されています。ここで登場するのは「穢多」「新平民」という言葉です。

同書にはこれ以外にも多数の事件が報告されていますが、「差別的言辞」「穢多」の発言が多く見受けられます。「解放令」が出て半世紀が経っても、まだこの言葉が生きていたことがわかります。

差別が止まらない

一九二二年三月の全国水平社の結成は、各地の部落に影響を及ぼしました。ここから私の家の歴史が関係してきます。

水平社創立から約一カ月の四月九日には、私のふるさとの兵庫県加古《かこ》川《がわ》市・北別府《きたべふ》の浄土真宗本願寺派・教照《きょうしょう》寺で、全国水平社の幹部による演説会が開かれました。北別府の住民の一人が、全国水平社の創立大会に参加していたから実現したと言われています。

その一週間後の一六日には、北別府を含む播州《ばんしゅう》地方の部落民が結集し、播磨《はりま》水平社の創立大会が開かれました。

播磨水平社の創立からわずか九日後、私の母校の小学校の児童数人が、北別府の子供に対して差別的な発言をおこないました。当時の新聞には「差別的言語を発した」と書いてあるだけで、その詳細はわかりません。前に広島の糾弾で触れたように「エタ」か「新平民」という発言であったことが想像されます。

北別府に住む四〇人余りの水平社のメンバーは、これに憤慨し、学校側に抗議しましたが、有力者の仲裁でいったんはおさまりました。当時の北別府の戸数は一三〇戸ほどですから、抗議におもむいた四〇人余りという数字は、およそ三軒に一人が参加したことになります。大人たちにとっても、〝子供の発言〟では済まされなかったのでしょう。

その四カ月後の八月二六日の暑い夜。別府村（現・別府町）で映画上映会が開かれ、会場で二〇歳前後の男性二人が会話していました。

「どうや、この団扇《うちわ》、立派やろ？」

「そんなもん、新平民でも持ってるよ」

その会話を、すぐ後ろにいた北別府の水平社のメンバーが聞いていました。数カ月前に児童の差別発言が問題になったばかりなのに、今度は大人です。

その場にいたメンバーは、即座に問題発言をした人物に抗議しましたが、周囲の人たちが逃がしてしまいました。

「新平民」が、部落民を指す蔑称（さげすむ言葉）であることは前述しました。そもそも「〇〇でも持ってるよ」という言い方が差別的です。〇〇に何が入っても、やはり問題でしょう。

有罪判決を受けた祖父

差別発言を聞いた水平社のメンバーは、北別府に帰り、仲間に報告します。メンバーたちは、発言者に謝罪状を要求することで意見が一致しました。差別語を使って侮蔑する者には徹底的に抗議するという、全国水平社の決議を忠実に守ろうとしたのです。当時は抗議した上で、謝罪状を勝ち取るのが闘争手段のひとつでした。

ところが問題発言をした若者やその親、そして別府村の住民が、謝罪状の提出をかたくなに拒否します。「新平民は新平民やないか」と考えていたのかもしれません。あるいは「新平民ごときが何を抗議している」と反発したことも考えられます。

翌日以降、水平社側は、兵庫県内はもとより大阪など他府県の水平社のメンバーが、続々と北別府に集結しました。水平社側の約二〇〇人は、謝罪状を求めて本村へ向かいましたが、それを阻止しようとした警官隊と衝突し、警官三人が負傷しました。水平社側もけがを負ったはずですが、記録には残っていません。

危機感を募らせた警察は、県内各地に応援を呼びかけました。問題発言から三日後、警官総勢二四〇人は、北別府を取り囲み、五二人を逮捕しました。北別府だけでも一九人が裁判にかけられ、騒擾罪・公務執行妨害などの罪状で有罪判決を受けました。この中には、私の祖父二人も含まれています。

別府村で起こったので、この出来事は別府村事件と呼ばれています。事件からおよそ半世紀が経った一九七〇年代に、事件のあらましと有罪判決を受けた二〇人の名前が刻まれた顕彰碑《けんしょうひ》が、北別府の墓地内に建てられました。御影石製の数トンもあるそれは、そこが被差別部落であること、差別発言に断固として抗議した歴史を物語っています。

ルーツを誇らない

全国および各地の水平社は、部落民で構成された組織でした。行動の指針となる綱領には「特殊部落民は部落民自身の行動によって絶対の解放を期す」と記されています。また、水平社宣言では、「吾等《われら》の為《た》めの運動が、何等の有難い効果を齎《もたら》さなかった」と述べ、部落民以外の〝上から目線〟の取り組みを批判しています。つまり、部落民が差別反対運動の主体であることを説きました。必然的に組織は部落民で構成されます。

全国水平社が結成されたのは、「解放令」の発布から五一年後です。「エタ」「新平民」などの差別語は、旧賤民あるいはその子孫に向けられました。現在とは違い、それほど人口移動もなかった時代ですから、旧身分を自認・特定することはそれほど難しくなかったでしょう。とりわけ地方の部落では。

前にも記したように私の二人の祖父は、部落民の組織である水平社の運動に共鳴し、別府村事件で逮捕され、有罪判決を受けました。祖父の二世代前は賤民（エタ身分）だったでしょう。だからこそ当事者の組織に加わり、部落差別に反対したわけです。祖父の子である私の両親も、共に北別府の生まれ育ちで、そこで私が生まれました。つまり私は、地縁・血縁とも部落と関係する〝由緒正しい部落民〟と言えます。

部落問題における当事者とは誰なのか。あるいはこれからの部落問題をどう考えていけばいいのか。それらについては、おいおい述べていきたいと思いますが、ここでは私は自分が部落出身者であることをどのように考えているかについて記します。

全国水平社の創立宣言の中に「吾々《われわれ》がエタである事を誇り得る時が来たのだ」という文章があります。

賤民の子孫であることを認め、むしろそれを誇ってしまおう――そう主張しています。部落民が忌み嫌う「エタ」という差別・賤称語を敢《あえ》て使ってまで、投げかけられた烙印を肯定しています。部落問題の解決は、自らの立場を自覚することからしか始まらないと訴えているのです。

私は自分が部落民であることに誇りを持っていません。自分のルーツを考えると、それがたまたま部落であった。ただ、それだけのことです。自分の親を選べないのと同じように、生まれる場所も選ぶことはできません。

あらかじめ与えられたもの――血液型や顔かたちなども同じです――を名誉に思う発想が、私にはありません。仮に自分の先祖が百姓や武士、商家、天皇家・皇族であっても、同じ考えを持つでしょう。そういう性格なのです。

逆のケースも然りです。先祖が百姓や武士、天皇であるからといって、それを誇られても、私は戸惑うばかりです。

「あなたはそういうルーツなんですね。なるほど」

そう言って、自分のルーツを語るでしょう。ともあれ、互いのルーツを自由に語り合える関係の構築こそが重要だと考えています。もっとも、そう考えるようになったのは、大人になってからですが……。

「どこ」の「だれ」の問題なのか

先述した別府村事件のあらましを知ったのは、中学生のころでした。解放学級で聞いた記憶があります。当時の新聞記事などで詳細を知ったのは、大人になって部落問題の本を書くようになってからです。

中学生のころは、祖父二人が事件にかかわっていたと聞いても、もうひとつピンときませんでした。部落問題の知識がそれほどなかったからかもしれません。

別府村事件や部落問題について考えなければならないのではないか、という考えは頭の片隅にありました。そもそも私は、中学三年生のころから社会問題に関心を持ち始めたので、必然的に自分自身の問題について考えることは、避けては通れなかったのです。

中学校では、「道徳」科目で、部落問題が取り上げられました。中三の授業で担任の教師が、部落の歴史の話をしたときのことです。私は手を挙げ、発言しました。

「部落というのは、北別府のことです。おぼえておいてください」

教師の抽象的な話に耐えられず、もっと具体的な固有名詞が必要ではないかと考えたからです。誰かに強制されたわけではありません。あくまでも自発的な発言でした。

社会問題を学ぶ上で大事なことは、5W1H、「いつ」(when)「どこ」(where)で「だれ」(who)が「なに」(what)を「なぜ」(why)「どのように」(how)おこなったか、という具体性です。これは文章を書くとき、つまり人に何かを伝えるときの基本です。

どんな時代にどこでどんなことが起こったのか。その背景に何があるのか。だれが加害者で、だれが被害者なのか。被害の状況はどうなのか。そういった細部がわからないと、どんな問題なのかさえわかりません。

学校の授業で論じられる部落問題は、私にさえ他人事のように映っていたのですから、クラスメートは言うに及びません。もっとも、教師もこの問題をどのように伝えたらいいのか、わからなかったのではないかと今になって思います。

私は当時、器械体操部に所属しており(バック転ができました!)、週に二回は放課後のクラブ活動中にその場を離れ、解放学級に参加していました。顧問の教師にはそれを言ってから、地元の公民館に向かいましたが、部員には言っていなかった。それが何とももどかしかった。そういった背景もあり、授業で発言したのではないかと思うのです。

そう、私は今とは違い、純粋な少年だったのです。

繰り返しますが、地名や人名などの固有名詞は、社会問題を考える上で非常に重要です。

とりわけ部落問題にとってのそれは、校区内の話でもあります。授業中に地名を挙げ、身近な問題ですよと訴えたのは、間違っていなかったのではないかと今でも思います。ただ、肝心の部落問題の中身については、漠然としたままではありました。

中三の道徳の授業でおぼえているエピソードがあります。授業で各クラスは部落問題を学ぶ時間であるのに、隣りのクラスから合唱する声が聞こえてくるではありませんか。クラス対抗の合唱大会が近くおこなわれるため、隣りのクラスの担任教師が、部落問題学習を取りやめて、合唱の練習に切り替えていたのです。

私は自分の担任の教師に、部落問題学習をせずに合唱の練習をするのはおかしいのではないかと抗議しました。部落問題を軽視されたように私には思えたのです。以後、道徳の授業に、隣のクラスから合唱の練習が聞こえてくることはありませんでした。

大人になって、隣のクラスの担任教師に会った際、「角岡君の指摘には、ハッとさせられたよ」と言われました。わからないなりに、部落問題が自分にとって（ひいてはみんなにとっても）重要事項であることを自覚していたのかもしれません。

「みんな同じ」が嫌な性分

私は中学から学校が嫌いになりました。頭髪は丸刈り、詰襟の制服、暴力教師……。

「校則があるのは、君たちが大人になって困らないようにするためだ」

教師はそう言うのですが、私は「ほんまかいな？」と思っていました。

「なんで僕たちは丸坊主なんですか？」

中二のとき、担任教師に尋ねたことがあります。

「つべこべ言わんと、校則には従え！」

そう言い返されました。

七八年に地元の公立高校に進学すると、状況は変わりました。校区が一挙に広がったのです。北別府出身といっても、同じ中学出身でもない限り、わかりません。

部落問題について学ぶ同和ホームルームはありましたが、中三のときのようにクラスで自分の立場を表明するようなことはありませんでした。校区が広がったことで「別にわざわざ言わなくても……」と思うようになったからです。

ところが、たまたま担任の教師が同和教育に熱心で、部落問題についてもよく話をしました。少なくとも七〇年代末までは、部落差別がある限り、それに応じた教育は必要――と考える教師がいました。家庭訪問などを通して、どこが部落かを知っていて、私にも積極的に話しかけてくれたのです。

その先生は、社会科の担当ということもあって、部落問題に限らず話題が豊富でした。私が公害などの社会問題に強い関心を持っていたからなのかわかりませんが、弁護士か国際機関に務めることを薦めてくれました。私に正義感があると勘違いをされたのではないかと思うのです。

ところが二年時の私の成績は、一時はクラスで尻から二番目という超低空飛行状態でしたから、それらのアドバイスは私には絵空事でした。担任教師がそんな私に期待してくれたのは、ルーツを含めてのことではなかったかと思わないわけでもありません。

高校時代、全国水平社の精神を引き継ぐ運動団体の部落解放同盟が主催する集会に行ったことがあります。市内でおこなわれた集会に参加すべく自転車で会場に近づくと、車に取り付けられた拡声スピーカーから、大音量の音楽が聞こえてきました。

ああ解放の旗高く　水平線にひるがえり
光と使命を荷いつつ　三百万の兄弟は
今や奴隷の鉄鎖断ち　自由のためにたたかわん

このあと七番まで歌詞が続く「解放歌」でした。全国水平社が募集した歌詞に、第一高等学校（東京大学の前身）の校歌のメロディーをのせた曲で、今でも集会などで歌い継がれています。

一番の歌詞にある「三百万の兄弟」とは、当時は被差別部落民は三〇〇万人と大まかに見積もられていたからです。

スピーカーから流れてくる曲は短調で、とにかく暗かった。部落差別に反対する歌ですから明るいはずはないのですが、それにしても暗い。それが大音量で流れてくるのです。「なんやこれは？」と思いました。強烈な違和感です。

主催団体は、「会場はここです」と知らせるために流していたのでしょうが、短調＋大音量のセンスに、まったくついていけませんでした。

部落解放同盟の支部は、私のふるさとにもあったので、同盟が主催する集会に参加することもありました。会場で参加者は、そろって黄色いゼッケンを付けなければなりません。またそのゼッケンが、黄色に赤文字でスローガンが書かれていて、デザイン的にもまったくイケていません。

同じ髪型、制服や集団行動が苦手で、そのため学校嫌いになった私は、運動団体のセンスもまた肌に合いませんでした。同じことをさせられるのが、嫌な性分なのです。できるだけ団体や集団に所属したくないという考えは、当時も今も変わりません。だからフリーライターになったのです。

窃盗で飢えをしのいだ教師

どんなジャンルであっても、誰が道案内をしてくれるかは重要な問題です。通学していたのとは別の高校の教師が、月に何度か、わがムラ・北別府を訪れ、部落問題について話し合う会を主宰していました。北別府からその高校に通う生徒がいたからです。

その教師は、神戸市内の大きな被差別部落を校区に含む定時制高校に、かつて勤めていました。大都市にある部落と、私が住む地方のそれとは、成り立ちや規模が違います。働きながら学ぶ定時制高校の生徒には、貧しい家庭で育った部落出身者や在日朝鮮人が在籍していました。何かの集まりで、その高校を訪れたことがあります。自己紹介で「金《キム》」や「朴《パク》」という名前があるのを知り、びっくりしました。言うまでもなく朝鮮の民族名です。身近にそのような名前の人がいなかったからなのですが、親しい友人が通名（日本名）を使った在日朝鮮人であることを知るのはずいぶんあとのことです。

定時制高校の教師たちは、親たちの生き様を通して、生徒の置かれた立場や状況を把握させていました。差別と貧困の中で生きてこざるを得なかった親の背中を見て、どう生きるか——それを自覚させる教育運動を実践していたのです。

のちに知ることになるのですが、その教師集団のリーダーを務めていた部落出身教師の経歴がすごい。少年時代は、水道水を通す鉛管や屋根瓦、車のタイヤを盗み、それらを売って飢えをしのいでいたというのですから。

その教師集団のリーダーが書いた著作には、部落の歴史について書かれた概説書をいくら読んでも賢くならないと述べた上で、次のように語っています。関西弁で話した講演録なので、少し読みにくいかもしれません。（　）内は、角岡の補足です。

私たち部落の人間が、まず何らかの自分の立っている、社会的な位置みたいなものを明らかにするのか。遠まわりみたいに一見思えますけれども、まず自分の親なり、自分のお祖父ちゃん、祖母ちゃんにつながって家の柱にきざみこまれた、家の墓石にきざみこまれた部落のなかの、いわゆる差別の結果やられてきた傷跡というのは無数にあるわけで、子どもがしゃんとして目見開いて、親に正面から向き合って聞きとらないかぎり言ってくれない、家の個々の歴史が部落の家のなかにはなんぼでもある。それが娘や息子が横向いたり、ちゃらんぽらんなことしとったら、親が一生しゃべらないまま、墓の下へもっていく歴史というものが、どこの村の、どこの地下《じげ》のなかにもいっぱいあるわけです。それをまず聞き取ることが、私たち（の同胞の）部落出身高校生が、今の世のなかで何をめざして、何を糧として前へ出るのか、出なければならぬのかの第一歩だと思うのです（西田秀秋「高校部落研運動の位置」＝『続・私の部落史』所収、明治図書、一九七七年）。

要するに親の聞き取りを通して、自分の生き方を見定めよ、ということでしょうか。その教育手法を、わがムラに通う教師は、私たちにも求めてきました。ところが親にいくら聞いても、家の柱に刻み込まれた差別の傷跡が聞けませんでした。

向き合い方はさまざま

私の父親は一〇歳の頃に、別府村事件で有罪判決を受けた親（私の祖父）を亡くしました。成績が優秀だった私の父親は、国民学校（現在の小学校）を卒業後、すぐに働きに出ました。戦時中に勤労動員で働いていた会社でした。

以後、定年退職するまでのおよそ半世紀、同じ会社に勤め続けました。中学はおろか高校にも行けなかったため、高学歴ではありませんでしたが、定収入は得ることはできました。

母親は定時制高校を卒業後、これといった定職を持ちませんでしたが、父親と結婚し、内職やパート勤めをしながら主婦を務め、私を含めきょうだい三人を育てました。

かつて少なくない被差別部落の住民は、幼少時から青年期は貧しさゆえに学校にも満足に行けず、義務教育を終えても不安定な日雇い労働に就くことが多かった。そのため、わが子にも十分な教育投資ができない。世代間で繰り返される悪循環です。

一九六〇年代のはじめ、日本全体の高校進学率は七〇％だったのに対し、部落のそれはわずか三五パーセント。半分です。貧しいがゆえに学費が払えなかった。また、たとえ高校や大学を卒業しても、部落出身であるがゆえに、就職ではねられてしまうこともありました。差別と貧困の悪循環から長い間、抜け出せなかったのです。

わが家は経済的にけっして豊かではありませんでしたが、両親はともに平凡な人生を歩んでいます。私は大人になってから地方紙の記者を経験し、人の話を聞くのが仕事になりました。あらためて両親の話を聞くと、それなりの苦労はあったようですが（なにせ日本は学歴社会です）、高校生の頃は、それを聞き出すテクニックがありません。

ところがわがムラに通ってくる教師は、執拗に親の苦労話を聞くことを求めてくるのです。部落の親は苦労しているに違いない、それゆえに子供に託す熱い思いがあるに違いない。それを根掘り葉掘り聞いてこい、というわけです。これには参りました。

部落といっても場所によって、職業も生活レベルも親もさまざまなのに、同じ手法で部落問題を考えさせようとするのです。差別と貧困は、部落差別とは切っても切り離せませんが、これだけでこの問題を見通せるわけでは必ずしもありません。

今から考えると、ですが……。

生き方の押し付けは困る

教師の中には、自分の教育手法を押し付ける人がいます。この教師は、少し常軌を逸していました。

やはり私が高校生のころです。市内の成人を迎える若者が、市の広報誌で市長と対談するという企画がありました。部落出身の知り合いの新成人が、その一人に選ばれました。

「成人を迎えて」というのが、トークのテーマでした。

その広報誌を読んだ教師が、青年にこう言ったのです。

「せっかく市長に会ったのに、なんで部落問題の話をせえへんかったんや！」

部落問題か差別問題がテーマであれば、それを話すのは必要かもしれません。あるいは対談した参加者の青年の抱負に、部落問題が関連するのなら、それを語るのもいいでしょう。

しかし被差別部落に生まれたからといって、いつでもどこでもそれを忘れるな、語れと言うのは、むちゃくちゃです。部落出身者が自分のルーツを考えることは重要だとは思いますが、それを強要するのは問題です。これはどんなマイノリティに関しても言えることではないでしょうか。

同和教育に熱心なのは、自分たちのことを思ってくれているから。そう考える私であっても、二四時間、三六五日そのことを考えよ、とばかりにプレッシャーをかけるのは、いかがなものか。熱心はいいのですが、押し付けは勘弁してほしいのです。

その教師は、突然わがムラに来なくなりました。後に本人に確かめたら、「ヨメさんが妊娠したから行けなくなった」とのこと。それならそれで言ってくれれば良かったのに、と思いましたが、来なくなってホッとしたのも正直な気持ちです。

部落問題を考える手法が、その教師とは合わなかった。大事なことは誰かに合わせるのではなく、自分の頭で考え続けることなのです。

過激派からのオルグ

大学入試はほぼ全滅したため、私はめでたく浪人生となるのですが、押し付け教師が去った後、別の人たちがあらわれました。高校生が日曜日に集まっていることを聞きつけた他の部落の大人たちが、私たちに接触してきたのです。

私のふるさとの兵庫県加古川市には、被差別部落が二〇カ所以上あるのですが、そのうちの三カ所から三人が、わがムラの若者との交流を求めてきました。三人は当時二〇代から三〇代くらい。タクシー運転手、会社員、もう一人は何をしているのかよくわかりませんでした。いわゆる活動家だったのだと思います。

どんな会話をしたのか、あまりよくおぼえていないのですが、政治的な話を聞いた記憶はあります。その一つが三里塚闘争です。

千葉県にある成田国際空港は、一九七八年に開港するまでに紆余曲折がありました。地元の三里塚の住民に何の説明もなく国が空港計画を発表したのですから、問題が起きないはずがありません。三里塚の住民は、様々な支援勢力とともに空港反対運動を繰り広げました。

その中には、いわゆる過激派と呼ばれる勢力もいました。

市内の部落から来た三人は、部落問題に加え三里塚闘争の話をよくしました。国家の横暴によって、農民の土地が奪われたことを力説するのです。

三人のうちの一人が語ってくれたエピソードが、なぜかよく印象に残っています。泊りがけで闘争に参加しているうち体調を崩し、医療チームに薦められるまま、毛布にくるまったそうです。

「その毛布が、汚《き》ったないねん。ボロボロで、何年も洗ってない。けどな、なんでか知らんけど、すごくあったかいねん。今度、行ってみいひん？」

そう言って、私を三里塚闘争に誘うのでした。好奇心が旺盛だった私は、半分はその気になっていたのですが、浪人中ですから泊りがけで千葉まで行く余裕も資金もありません。

一年間の浪人生活のあと、私は関西学院大学（関学）の社会学部に入学しました（予備校になじめず数カ月で行かなくなり、あとは自宅浪人。つくづく学校・集団生活には向いていないと思います）。毛布のエピソードを語ってくれた人物は、社会学部を選択したことをすごく褒めてくれました。

広く社会問題に関心を持っていた私は社会学部専願で、他の学部は現役・浪人とも一切受験しませんでした。その心意気が、彼の琴線に触れたのでしょう。

彼ら三人は社会主義革命を目指し、目的のためには武力闘争を厭《いと》わない、いわゆる過激派のメンバーでした。どうやら彼らは、私たち若者をグループに引き入れるために接近していたようです。社会運動用語で「オルグ」と言います。ドイツ語で「組織する」を意味するorganisieren（英語ではorganize）の冒頭から採った言葉です。

私が大学生になると彼らとは縁遠くなり、現在に至るまで再会していません。彼らは社会主義革命を目指しながら、部落問題の解決も同時に成し遂げたかったようです。そのために、ひとりでも多くの若者を組織に引き入れたかったのでしょう。

奇しくも私は、大学入学後も社会主義やマルクス主義について考えさせられることになります。

部落解放研究部に入部

大学は自宅から電車と徒歩で二時間ほどかかる、同じ兵庫県の西宮市にありました。さすがに大学生ともなると、何かと世界が広がります。

私が在籍した大学は、八〇年代は半数以上の学生が近畿地方の出身者でしたが、北海道や九州の出身の学生もいました。

当時は夏休みが二カ月半ほどあり、アジアを中心に長期の旅に出ていたので、それまでの窮屈な中学・高校・浪人生活とはおさらばできました。

社会人経験も踏まえて言うと、大学というところは、人生で一番自由な時間と空間です（当社比）。苦学生でない限り、授業がなければ天国かもしれません。アルバイト、クラブ活動、趣味、学業……何をしようが、とがめられることはありません。

私は美術に関心があったので、絵画クラブをのぞきましたが、並べてある作品を見ると、あまりレベルが高そうではなかったので、入部しませんでした。キャンパスを歩いていたら「国際問題研究部」（国問研）という立て看板が目に入り、部室を訪ねました。自分が育った日本という国を距離を置いて見たい、と以前から思っていたからです。もう少し具体的に言うと、生まれ育った部落や日本を脱出して、違う国で住みたい、そのためには国際関係や世界の国々を研究するのもいいだろうと考えました。

国問研はなんとなく居心地がよかったので、そのまま居ついてしまいました。出身も考え方もバラバラだけど、アジアの国々の歴史や政治、日米関係を精一杯背伸びして議論することが楽しかったのです。

大学に入学し、大型連休が終わった五月の半ば頃、昼休みに国問研の部室がある学生会館に向かうべくキャンパスを歩いていると、黄緑色のズボンをはいた女性がビラを配っていました。珍しい色だったから、いまだに覚えているのです。

ビラを受け取り、それを読むと、「部落解放研究部」（解放研）が学習会を開くという告知でした。

「僕、出身者なんですよ」

ビラを配る女性に、私はそう話しかけてしまいました。

「へえ、そうなの。じゃあ部室で話を聞かせてよ」

誘われるままに、学生会館四階の見晴らしのいい部室に連れて行かれ、名前や連絡先を聞かれました。解放研の勧誘・オルグにまんまとはまってしまったのです。

マイノリティの中のマイノリティ

部落解放研究部には、私が入学した八三年は、部員が七、八人いました。うち部落出身学生は、私の一学年上の二回生に一人、五回生に一人いるだけでした。当事者が少ないクラブと言えるでしょう。ちなみに関西の大学では、○年生とは言わず、○回生と言います。

当時の関学大の学生総数は一万数千人。部落問題を考えるクラブに入部する出身学生が、どれだけ少なかったか、統計で考えてみたいと思います。

私が大学に入学した八三年から一〇年後の九三年。政府が部落・同和地区の調査をおこなっています。それによると、全国四四〇〇カ所余りの同和地区の人口は、二一六万人。その中で「同和関係者」と言われる被差別部落民は、八九万人。当時の日本の総人口が約一億二〇〇〇万人ですから、前者だと二％弱、後者だと一％弱の割合です。

これを私が在籍していた大学の総学生数で割ると、学内の同和地区人口は百数十人、部落出身学生はその半数、五〇～六〇人はいたはずです。前にも述べたように、入学した大学は、近畿地方出身の学生が多く占めていたので、その数倍にはなるでしょう。近畿は部落の人口が多いからです。

大学進学率なども加味すると、もう少しちがう結果になる可能性もありますが、一〇〇人以上の部落出身学生がいたはずであるにもかかわらず、この問題をクラブに入って考えようとした者は、圧倒的に少なかった。マイノリティ中のマイノリティと言えるでしょう。

私と同学年では部落出身ではありませんでしたが、理学部生の男が一人だけ入部しました。同志を得た思いをしたものです。部落出身者でもない彼が、なぜこの問題に関心を持ったのか？　付き合ううちに、わかってきました。浪人時代に予備校の講師の影響を受けた、というのです。マルクス主義を信奉する講師がいて、授業に出席するうちに社会問題に関心を持ち、その中でも部落問題を考えたいと思ったようです。おそらく予備校講師の影響でしょう。議論好きで賢そうな男ではありました。

ところが彼は、一年も経たないうちに部室に顔を見せなくなりました。以来、現在に至るまで、彼の姿を見ることはありませんでした。キャンパスですれ違ってもおかしくないはずです。彼にしてみれば、解放研の部員とは二度と会いたくなかったのでしょう。したがってなぜ退部したのか、理由はわかりません。

先走る理想

同じ理学部の二学年上の先輩も同じでした。彼も部落出身者ではありません。千葉県出身で、名古屋大学を受験したときにビラを受け取り、初めて部落問題を知ったと言っていました。理学部は上級生になると実験が多くなるので、部活動はできなくなるとあらかじめ聞いてはいました。実際に部室には来なくなりましたが、彼もまたそれ以来、私たちの前から忽然と姿を消しました。

「日本には前衛党がないだろ？」

そう言って、この国に社会主義を牽引する政党がないことを嘆くコミュニストでした。日本共産党があるではないか。賢明な読者ならそう考えるかもしれません。後述しますが、共産党は部落差別は解決済みとして、積極的に取り組む必要はないという方針をとっています。大衆を正しく社会主義に導く前衛党がないという彼の発言は、そこから来ています。

それはともかく、彼らがなぜ解放研に入ったのか、またなぜいなくなったのか。いまだに釈然としません。先に理想とする社会があって、それを実現するためには足がかりが必要だったのではないか。私にはそうとしか考えられません。思想が先にあって、部落問題があとからついてきたように思えるのです。

私が大学に入学した八三年は、七〇年前後に盛り上がった学生運動の影響が、まだ残っていました。ソ連をはじめとする社会主義国が現存し、マルクス主義にもまだ威光がありました。

解放研では社会科学の学習会が開かれ、カール・マルクス著の『賃労働と資本』や、ゲオルギー・プレハーノフの『歴史における個人の役割』などがテキストに使われていました。

つまり、当時の関学解放研の中心メンバーは、社会主義革命の成就と同時に、部落問題の解決を目指していたのです。ところが私は、あらゆる社会資本を国有化し階級社会をなくすといったユートピア思想に、まったくついていけませんでした。資本主義から社会主義・共産主義社会への移行は歴史の法則である、という考え方も、ひねくれ者の私には単純すぎて、魅力を感じられませんでした。

ただ、差別なき平等社会を目指す思想として社会主義・共産主義には興味を持ち続けています。私が知る限り、あらゆる社会主義国は、目的達成のためには監視や不自由を厭わない官僚主義であることから逃れることはできません。周囲に合わせるのが苦手な私は、社会主義国家の中では真っ先に排除されるであろうという予感があります。どのような理想を描き、そのためにどのような社会を築くかは、人類の課題でもあり、私の課題でもあるのです。

見える違いと見えない違い

「知り合いに障害者がおるんやけど、介護に行ってみいひん?」

国問研の一年上の先輩が、入部間もない私にそう話しかけてきました。国際問題と障害者の介護は、直接は関係ありませんが、たまたまその先輩が障害者のボランティアをしていたことから声がかかったのです。

先輩について行った先が、神戸市内で自立生活を送る三〇代後半の澤田《さわだ》隆司《たかし》さんでした。

幼い頃に日本脳炎にかかり、手足が自由に動かない上、言葉を発することができなかった澤田さんは、移動、衣服の着脱、食事、トイレ、入浴などありとあらゆる場面で、介護者を必要としました。発話しないので、文字盤を指して言いたいことを伝えていました。

澤田さんは脳性まひ者の運動団体・兵庫青い芝の会に所属していました。脳性まひは、出産前後に脳に損傷を負うことで、手足や言語などに障害があらわれます。澤田さんは日本脳炎にかかったので脳性まひではありません。そのへんは、よくも悪くも、かなりいい加減な組織でした。しかも彼は県組織の会長を務めていました。

当時の重度障害者の多くは、養護学校を卒業後、家にいるか施設に行くか、はたまた作業所に通うか、選択肢は多くなかったのですが、澤田さんは違いました。家でも施設でもなく、自分で家を借りて介護者を探して生活していたのです。介護者の多くが、大学生でした。

澤田さんは私より二〇歳ほど年上です。車いすを押して街へ出かけると、よく親子に間違われたものです。現在のように行政によってヘルパーが派遣される制度がなかったので、障害者の介護をするのは肉親に違いないと思われていたのです。

そんな自立障害者が、私の知る限り兵庫県内には五〜六人いました。全員が青い芝の会のメンバーです。

身体障害者の介護を通して、自分の立場を含めていろいろ考えさせられました。部落問題とは違い、障害は明らかな〝違い〟として語ることができます。障害があるゆえに手足が自由に動かない、あるいは出来ないとされることがある。ここがこう違うから、こうしてほしいと訴えることができます（〝出来ない〟のは障害があるからだけでなく、街の構造や社会制度、人びとの意識がそうさせているという側面もあるのですが）。

一方、現代の部落問題は、格差はあっても違いとして語ることが難しい。違わないのに違うかのように思われている差別と言えます。障害者の介護に入ることによって、異文化としての障害者問題に関心を持つようになりました。

マイノリティの彼らとマジョリティの自分

兵庫青い芝の会の会員を通して、大学に重度障害者がいることを知りました。私と同学年の横須賀俊司《よこすかしゅんじ》君です。中学生の頃にプール事故で首の骨を折り、以降車いす生活を送っていました。

首から下が動かないため、彼も生活するうえで介護者を必要としました。私も介護者のメンバーとして、少なくない時間を彼と一緒に過ごすことになります。

障害者との付き合いが多くなると、彼らがマイノリティで自分がマジョリティの側にいることを痛感するようになりました。たとえばキャンパスを移動するにしても、一緒に街に出るにしても、当時は階段や段差があるのが当たり前でした。エスカレーターやエレベーターがある建物は限られていたのです。これまで見ていた風景が、まったく違うように見えたものです。

私はがぜん、障害者問題に興味を持ち、休眠状態だった「障害者」解放研究部（「障」解研）という組織を、横須賀君や私を介護に誘った先輩たちとともに再興しました。障害者に「　」が付いているのは、前にも述べたように、そもそも障害の概念はあいまいで、何をもって障害者とするかは議論の余地がある、ということを言いたかったのだと私は解釈しています。

聴覚や視覚に障害を持つ学生に接触し、彼ら彼女らが何に困っているのかを聴きとったりしていました。

「特に困っていません」

つれなくそう言われることも少なくありませんでした。クラブの名称がいかつくて敬遠されたのか、私たちを信頼できないと思ったのか……。いずれにしても、授業でノートテイクも手話通訳もなかった時代に、考えなければならないことは山ほどありました。

存在と意識の中の「中心」と「周縁」

学校嫌い、組織嫌いだった私が、大学に入り、国際問題研究部、部落解放研究部、「障害者」解放研究部という、いかにも難しそうな名称のクラブに三つも入ることになろうとは、入学前には想像もしていませんでした。

三つのクラブのうち、部落解放研究部だけは、私の中で色合いが違いました。当事者である私は、この問題も頭の片隅に置いておかなくては、と考えてはいました。ですが、何が何でもキャンパスでこれを訴えたい、と願っていたわけではありません。

部落問題の解決が、当事者が自らの出自を意識せずに済むことだとすれば、部落解放研究部に入って活動に励むのは、それに逆行するのではないか。部落出身者として生きるのではなく、時にはそれを気にしながらも、自分の好きなことをするのがベストではないか――そう考えていたのです。

「角岡君、部落問題にこだわってるね」

解放研に入っているがゆえに、同じ年頃の学生にそう言われることがありました。

「いや、別にこだわってるわけではないよ」

そう答えていました。部落出身ゆえに出自に向き合うということが、何かかっこうが悪いことのように感じていました。

「なんで、そんなクラブに入ったの？」

そう聞かれると、出自のことを語らなければならない。それが鬱陶しかったのかもしれません。

「好きでやってんねん」

そう答えることができれば、かっこよかったのに……。私自身が部落出身であることをマイナスにとらえていたわけです。

今から考えると当時の私は、出自から遠ざかって生きることが、新しい部落民の生き方ではないかと考えていました。ひそかに「脱・部落民計画」を夢想していたのです。

大学三回生になると、少人数でより専門的に学ぶ、ゼミを選ぶ必要があります。私が所属していた社会学部には、部落問題の研究で有名な先生がおられました。学外の研究会に参加したりして個人的に師事していましたが、部落出身学生が、部落問題のゼミに入るのはおもしろくない、と私は考えていました。ささやかな脱・部落民計画です。

解放研の一年先輩の女性部員が、文学部から私が在籍する社会学部に転部し、女性学のゼミを選択していました。そんな魅力的な学問なら自分も接してみたい。先輩が出席していた女性学の授業に私も顔をだしてみました。性差別についてそれまでまともに考えたことがなかったので、蒙を啓《ひら》かれる思いでした。私もその教員のゼミに志願しました。一九八六年の春のことです。

日本の大学における女性学の歴史はまだ浅く、それだけに刺激に満ちていました。主に男性社会を問うていたため、授業やゼミでは「両性関係」という言葉を使っていました。女と男の両方の関係という意味からきた言葉です。現在はまったくといっていいほど、この言葉を見聞きしません。これはＬＧＢＴＱ＋という言葉に象徴されるように、社会は女と男だけで成り立っているわけではないことが常識になっているからでしょう。

当時は、同性愛者やトランスジェンダーが、現在ほど議論の中心に位置したり、意識化されていたりしていたわけではなかったのです。

意識するかしないかは別として、何かを中心にして考えると、そこからはみ出る「周縁」ができる。常にそのことを考えておく必要があると、今になって思います。

ちなみに部落解放研究部の女性部員たちが結成したのが、「婦人問題研究部」でした。八〇年代半ばは、まだ「婦人問題」という言葉が使われていました。「婦」という文字は、「女」偏に「帚《ほうき》」と書きます。性別役割分業を肯定しかねないなどの理由から、次第にこの字は使われなくなり、いまでは「婦人」という言葉は、ほぼ死語となりました。社会意識によって言葉が消えていく一つの例として、私の記憶に刻まれています。

解放研、廃部の危機!

ゼミは女性学でしたが、卒業論文は障害者問題を書きました。部落問題でも性差別でもなく、自分が最も関心を持っていたのが、この問題だったのです。

タイトルは『障害者と健全者の自立を考える』としました。「自立」「自立する」という言葉は、一般的には、特定の個人や組織から離れ、独り立ちするというイメージがあります。たとえば親や会社などです。

ところが重度障害者は、否が応でも介護者がいなくては生きていけません。当時の自立障害者は、自ら駅前や近くの大学に行ってビラをまいて声をかけたり、伝手《つて》をたよったりして介護者を集めていました。

つまり、より多くの介護者を集めることが、自立生活ができる条件だったのです。健全者が考える「自立」とは逆なんですね。

けれども実は、同じことが健全者にも言えるのではないか。人間は一人では生きていけない。誰かの手助けがあってこそ、充実した生活ができる。障害者であれ健全者であれ、お互いにかかわることなしに生きてはいけないのではないか――。

そんなことを書きました。誰かが何かをできないなら、それを手助けするのがあたりまえで、それは誰しもに言えること。重度障害者の介護に入った経験や読み漁《あさ》った資料や文献から、そう考えるようになりました。

話を部落問題に戻します。私は当初、部落解放研究部の熱心な活動家ではありませんでした。国際問題や障害者の介護に関心を持ったのは、部落問題から距離を置きたい、もっと言うと逃げたいという意識が潜在的にあったからかもしれません。

ところが四回生になると、解放研の部員が私ひとりだけになってしまいました。私が入学した八三年を境に、この問題を考えようという学生が、出身者を含めていなくなってしまったのです。かくして私は、たったひとりの部落解放研究部の部員になったのでした。

さすがにこの事態には焦りました。何十年と続いてきた組織が、私の代でなくなってしまうのですから。それまでいい加減だった気持ちを引き締め、一からクラブを立て直すことにしました。廃部になるのは時の流れ――。そういって開き直れなくなっていたのです。意識的に後回しにしてきた問題が、状況によって第一課題に浮上してきたのです。

状況と意志が道を拓く

部落問題の本を読み漁り、学外の関連の研究会・学習会に参加し、ほうぼうの部落を訪ね、学習会を毎週開き、手当たり次第に学生に声をかけ、組織の拡大をはかりました。学習会は、宗教やメディアなど、より関心の持てるテーマと部落問題をカップリングすることで入口を広くしました。部落問題にそれほど関心がなくても、宗教やメディアに関心を持つ学生はいるはずです。

また、調べて得た知識は何度でも使えるので、同じテーマで週に複数回、学習会を開くようにしました。授業や他のクラブの学習会と重なることもあるので、週一回だと参加できないこともあるからです。

悪戦苦闘した結果、半年で七人まで部員が増えました。火事場の馬鹿力と言えるかもしれません。大学四回生になり、解放研の存続の危機の中で必死で部落問題を学び、活動したことが、後に私を形作ることになろうとは、このときは思いもしません。なにせ今はフリーのライターになって、部落問題の本を書いているのですから。解放研活動の延長線上に、今の私があるわけです。それがいいか悪いかは別として……。

ただ、本当に嫌なら、解放研に入部したり、そこに居続けたりする必要はありません。辞めようと思えば、いつでも辞めることができました。廃部にすることも簡単です。なにせ、何もしなくていいわけですから。

自分がどの道に進むのか、あるいは留まるかは、置かれた状況と自分の意志・判断によります。これは、どんな時代のどの人にも言えることかもしれません。

学園祭で起こった事件

毎年秋になると、多くの大学で学園祭が開かれます。クラブやサークルが、キャンパス内で出店を開いたり、コンサートや講演会などのイベントを催したりします。

解放研はそれまでは、差別落書きや冤罪事件のパネル展示などを地味におこなっていました。私が四回生のときに「人権フェスタ」と銘打って、部落問題に限らないイベントを仲間と企画しました。今から考えると、ちょっとダサいネーミングです。

参加したのは、私が所属していた解放研と「障」解研、それに朝鮮文化研究会（朝文研）の三団体です。

朝文研は、在日朝鮮人のみで構成される団体で、部室が廊下を挟んで解放研の真向いにありました。しょっちゅう出入りしていたのは、物理的に距離が近いことに加え、反差別団体として連帯する必要があると思っていたからです。

解放研、「障」解研、朝文研の三団体合同で、一〇〇〇人が収容できる中央講堂を貸し切ってイベントをおこなうことにしました。

朝文研は、プロの朝鮮歌舞団を呼び寄せることが決まりました。「障」解研は、全盲の歌手の長谷川きよしさんを呼ぶことにしました。長谷川さんは、エッセイ『めくら自慢　耳は目ほどにものを見る』（立風書房、一九八五年）を刊行し、自らの障害についても明快に書いておられ、ぜひ出演していただきたかったのです。

いよいよ、われらが解放研です。朝文研や「障」解研は、早々とすんなり決まったのですが、被差別部落の文化を舞台上で見せることができる個人・団体がまったく思い浮かびません。

考えあぐねていましたが、たまたま阪神間の病院で実際にあった差別発言と糾弾闘争を、部落解放同盟の支部が演劇にしたことを偶然知りました。華やかな舞台ではないけれど、反差別の演劇運動も立派な文化ではないかと思い、出演をお願いしました。一〇人余りが登場する群像劇です。

さて、本番です。朝鮮歌舞団は、さすがにプロだけあって、見ごたえがありました。五、六人の踊り子が扇子を持って円状に舞うと、舞台に大輪の花が咲きます。その美しさに見惚れました。

ギターを自ら演奏しながら会場内に美声をとどろかせる長谷川さんのステージは、迫力満点でした。会場の観客はまばらでしたが、拍手が巻き起こりました。晩秋は寒さで指がかじかむので、ストーブを用意してほしいと打ち合せで言われていたのに、準備していなかったのは失敗でした。イベントに関しては、まったくの素人です。その素人集団が、ついに悲劇を生みます。

最後の差別事件をテーマにした演劇が始まると、途中でにわかに来場者が増え始めました。朝鮮歌舞団とコンサートが予定の時間より伸び、人権フェスタのあとに行われる、応援団総部の催しの観客が入り始めたのです。

こういったイベントは、時間に余裕を持たせてプログラムを組まなければならないのが常識ですが、なにぶん初めての試みです。時間が押すことは想定外でした。

終演予定時間になってもなおも続く演劇に、応援団総部から猛抗議を受けました。当然と言えば当然で、応援団総部の幹部が会場内で「いつ終わるねん！」と怒っています。OB・OGも来場しているので、相手も必死です。しかも応援団総部は、応援団やチアガール、吹奏楽部を含む大きな組織で、私たち人権系のサークルと比べると、象とアリくらいの差があります。

私は劇団を主宰する解放同盟支部の幹部に、劇を早く終わらせるためにカットできる場面はないか、打診しました。

「そんなん無理や！」

瞬時に断られました。会場となった中央講堂は、応援団総部の関係者で埋まっていくのですが、彼らは部落差別をテーマにした演劇に興味があるわけではありません。

「早く終わらせろ！」

「いや、それは無理です！」

応援団総部としばらく押し問答が続きました。けっきょく終演時間を大幅に超えて役者たちは舞台を降りました。劇団員には悪いことをした、と今でも反省しています。冤罪事件や落書きを糾弾するパネル展示に飽き足らず、人権問題を身近に、より幅広くと考え、他団体と共催したイベントでしたが、部落問題に限っては、成功したとは言えませんでした。

醜い部落差別をなくす美しい方法や表現はないものか。以後、部落問題をどう提示・表現するかは、私のテーマのひとつとなりました。

就職戦線異常あり

私は大学に五年いて、就職活動をせずに卒業しました。というのも……。

介護に入っていた障害者から、同じ大学に在籍する重度障害者を紹介された話は前に書きました。プール事故で首から下が動かない重度障害者の横須賀俊司君です。

一九八七年、共に四回生になりました。そろそろ卒業後のことを考えなければなりません。当時、重度障害者の就職の門戸は、限られていました。公務員であれ民間会社であれ、介護者を必要としないというのが条件でした。彼は所属する大学の職員を目指すことを決め、「障」解研を中心に、支援組織が結成されました。大学はキリスト教系で、博愛精神があるなら重度障害者を見捨てないだろうという思惑で始まった就労闘争です。

当時は大学も他企業と同じで、通勤・職務中に介護者を要しないことが採用の条件でした。その条件を撤廃させるべく、何度も大学の経営母体と交渉を重ねましたが、かないませんでした。

彼は一年留年して、交渉を継続し、翌年も母校の就職試験を受けることを決意しました。同学年の私は就職して、「はい、さようなら」というわけにはいきません。こうなったら、一蓮托生です。私も留年し、交渉に参加することに決めました。

ところが、もう一年交渉を重ねても、雇用条件が緩和されることはありませんでした。重度障害者一人を雇用したら、職場に障害者が増えるのではないかという発想が、大学の経営母体にあるようでした。

彼は大学への就職をあきらめ、大学院に進学し、その後、社会福祉を教える大学教員になりました。残念ながら二〇二一年に肺ガンで亡くなってしまいました。

そして私は就職活動をしないまま、一九八八年に大学を卒業しました。

第二章　Then　それから——記者、学芸員、ライター

世界中を見て回る夢

大学の二回生だった一九八四年の夏休みに、中国へ一人旅に出ました。香港から広州へ、杭州、上海、洛陽をまわり、西進して新疆ウイグル自治区のトルファン、ウルムチ、そして首都北京へ。全長一万キロを二等列車でめぐる、五〇日間の旅です。

中国は海外から旅行者を受け入れてまだ四年目で、街は人民服を着た人であふれ、人びとの汗の匂いが強く印象に残っています。便所内には遮る壁が一切なく、〝大〟をするには最初は抵抗がありました。人生で初めての海外への長期一人旅で、日本とは違う風景や食べ物、そして言葉が通じない状況に刺激を受けました。

翌年の夏休みは、フィリピンを一カ月ほど旅しました。ネグロス島で農業視察をするつもりが、船が着いたのは観光地で有名なセブ島でした。乗る船を間違えたようです。安宿でぶらぶらして過ごす体たらく。マニラでは持ち金の半分をだまし取られましたが、それも含め、異国での自由と不自由を満喫しました。

大学五回生の八八年には、下関と韓国・釜山を結ぶ関釜フェリーに乗り込みました。

部落問題や障害者問題を中心に考えてきましたが、在日韓国・朝鮮人問題にも関心を持ち、朝鮮半島には行っておいたほうがいいと考えたからです。

全斗煥軍事政権の下、一九八〇年に民主化を要求する大学生・市民を弾圧した光州事件をニュースで知っていたので、韓国に対しては「怖い国」というイメージを持っていました。それが行ってみると、イメージとはまったく違います。私は運よく、どこでもすぐに友人ができました。

ソウル市庁にある観光案内所を訪れると、一人旅をする大学生は珍しがられ、スタッフが食事に誘ってくれました。それほど日本人観光客は少なかったのです。

これは言葉ができたら、もっと韓国人や文化、社会を理解できるぞ——。そう考え、大学卒業後は韓国に留学するか、一国にとどまらず世界中を見て回る貧乏旅行を夢想しました。中国、フィリピン、韓国であれだけ刺激を受けたのだから、世界中を旅したらもっと見聞が広まるのではないか。二〇代前半の私は、そう夢をふくらませたのです。

今しかできないことは何か

大学卒業後は、韓国留学か世界一周を目指すべく、アルバイトにいそしみました。大学のゼミ生二十人余りは、企業や大学院に進学しましたが、フリーターになったのは、私ひとりだけでした。

ところがアルバイト生活を初めて一カ月ほど経つと、果たしてこのままでいいのだろうかと立ち止まって考えるようになりました。韓国留学や海外放浪は、いつでもできる。むしろ、今しかできないことをするほうがいいのではないか。苦労をしたあと外へ出たほうが、喜びが倍増するのでは……。そう考えたのです。

大学時代は、部落問題や障害者問題を学習会やビラといった手法で伝えていましたが、対象はせいぜい数十人から数百人。なかなか受け取ってくれないビラを手渡しながら、マス・メディアを通じて発信したほうが、より効率的に伝わるのではないか。いつもそう考えていました。

それまでに新聞記者が書いたルポや著作をよく読んでいたこともあり、新聞社を受けることにしました。当時は民間企業は、既卒者に門戸を開いてなかったのですが、新聞社は社によっては二〇代後半くらいまで受けることができました。大学卒業後に初めて就職活動を始めたのです。

先に新聞社に就職した大学時代の友人から参考書を譲り受け、数週間勉強し、地方紙や全国紙、通信社を受験しました。唯一受かったのが地元紙の神戸新聞でした。

石の上にも三年のことわざ通り、三年は我慢するつもりでした。それだけ勤めたら、それなりの貯金もできるだろう……。

ところが入社してみると、想像していたよりも自分が組織に向いていないことを痛感し、これだけ無理しているのだから給料はできるだけ使ってしまおうと考え直しました。貯蓄よりも消費に向かうことで、自分の精神を保っていたのです。

社会人になってわかったこと

初任地は、ふるさとの加古川から電車で三〇分ほどの距離にある姫路支社でした。記者になって初めて書いた記事は、聾学校の入学式でした。その日は雨天で、取材に向かおうとする私に、ベテラン記者がポツリと言いました。

「聾学校で、涙の入学式か……」

障害者に関する原稿は、お涙ちょうだい風に書いてきたのでしょう。自分で介護者を集め、自立生活を送ってきた〝強い障害者〟を知っていただけに、腑に落ちないベテラン記者の言葉でした。

記者一年目は事件・事故などを担当しました。赴任したその日に殺人事件が起こりました。誰に何を取材していいやら皆目わからず、足手まといになるだけの初日でした。

事件・事故は、市内外全域で発生します。ある日、大きな火事が姫路市内で発生しました。

「ああ、あそこか……」

他社の先輩記者が意味深に、そう言ったことをおぼえています。それが被差別部落を指すことは、当事者の私にはすぐにわかりました。街の雰囲気でピンとくるのです。

市内の被差別部落の地名を面白がって連呼する記者もいました。記者仲間の会話を通して部落が、いわくいいがたい特別な地域として認識されていることが、社会人になって初めてわかってきました。

当時の私は、部落出身者であることをそれほど意識していたわけではありません。かといって忘れたわけではなく、同僚たちの言葉によって思い起こされるのでした。

姫路支社で、以前に私のふるさとの加古川に赴任していた先輩記者に、唐突に話しかけられたことがありました。

「角岡は加古川で、同和のこととかやってたんか?」

「いえ、別に……」

咄嗟にそう答えていました。ふだんは部落出身者を意識して生活しているわけではないので、突然その話題を振られると、部落民モードに戻れないのです。先輩記者は取材先で、私が地元紙に就職したことを聞いていたのでしょう。先輩記者はそれ以上その話題に触れることはありませんでした。

社会人になって記者たちの会話を聞き、私は自分の出自を語ることに躊躇《ちゅうちょ》するようになっていました。

思うように記事が書けない

大学時代の解放研活動を通じてマスメディアの重要性を痛感したものの、いざ自分が地方紙に身を置くと、思うように記事を書くことができません。一人前の記者になるには、それなりの年数がかかることを身をもって知りました。不器用な私は、特にそれが言えました。もっとも、そもそも組織向きではないので、無理をしないように心がけていましたが。

一年間の事件記者を経て、二年目から姫路市役所の担当になりました。書きたいテーマのひとつが、自分のルーツと密接に関係する部落問題でした。脱部落民とは言いながら、やはり頭の片隅（中心?）にそれがあるのです。

記者が記事を書く際に、警察や自治体が発表する内容を記事にする〝発表もの〟と、記者が自分で話題を見つけてくる〝独自ネタ〟があります。私が自分から進んで部落問題をテーマに書いた記憶はあまりありません。姫路市が、市内の同和地区の実態調査を実施するという記事くらいでした。書いた原稿を半分くらいに短くまとめられた記憶があります。思いだけが先走りし、それほどニュース性がなかったのです。

つい先日、必要があって地方紙記者時代のスクラップ帳を見ていたら、私が書いた二〇行ほどの短い記事が目に留まりました。俳優の小松方正さんが姫路で講演したという内容です。小松さんの講演を聞きに行った記憶はあるのですが、内容までおぼえていません。

あらためて読むと、小松さんは部落問題を語っていました。啓発映画に出演したことをきっかけに、部落の歴史や現状を学ぶようになったそうで「自分自身が結婚や就職などの場面に立った時、どう行動するかを、常に想定することが必要。自分の人権を守ってもらうためには、人の人権をどう守っていくかだ。意識的に自分を変えていってほしい」と語っていました。

顔写真を撮影するために、講演が始まってすぐにご本人に近づいたらびっくりされたのは鮮明におぼえているのですが、内容はすっかり忘れていました。部落問題の記事を書きたかったんだなあ。三〇年以上前に書いた記事を見て、あらためてそう思いました。

ジェスチャー事件

私が加古川の出身であることは周囲の人びとは知っていましたが、出自については知りません。特に語る必要がないと思っていたし、その機会もなかったからです。〝正体〟を知らないからこそ起こる〝事件〟があります。

入社して二年目に、姫路市内で殺人事件が発生しました。取材をし、会社に帰って原稿をチェックするデスクに報告しようとしたときのことです。

「角岡、もう取材せんでええ。あそこはコレやから」

そう言って、デスクは四本指をかざしました。部落（民）を指すジェスチャーです。部落の人びとが、四本足の動物を扱う仕事（たとえば屠畜業）を担ってきた、あるいは一本足りない、つまり人間ではないことをあらわす、昔ながらの差別的なしぐさでした。

私は返す言葉がありませんでした。確かに事件現場は、被差別部落にありました。部落特有の産業である皮革工場があることから、私も気付いていました。

デスクが示すジェスチャーを見て、そんなことをする人がいまだにいるんやと思いました。希少動物を見た感じです。おそらくデスクは、あそこは部落やから取材するとややこしい。どんなクレームが来るかもわからない。だからこれ以上、取材をしなくてもいい、と言いたかったのだと思います。

「僕は部落出身です。そこが部落だからといって取材しなくてもいい理由は何ですか?」

そう問い返すことができたらよかったのですが、その勇気はありませんでした。部落問題を考え続けてきたはずなのに、いざとなったら何もできない自分がいました。とはいえ、自分の無反応を後悔しているわけではありません。

このデスクは、私に大きな影響を与えた人物でした。取材が足りないところ、文章の書き方を懇切丁寧に教えてくれた大恩人でもあるのです。何が言いたいのかわかりづらい私の下手な文章が、デスクの手によって書き直されると、見違えるような記事になったものでした。デスクとしては極めて優秀な人だったのです。私が後年、まがりなりにもフリーライターになれたのは、このデスクに鍛えられたからでした。

時間がかかったメッセージ

このジェスチャー事件には、後日談があります。私は五年弱、地方紙に在籍し、博物館の学芸員を経てフリーライターとなり、九九年に『被差別部落の青春』（講談社）を上梓します。

後述しますが、この本は各地の被差別部落を訪れ、さまざまな人びとに取材したルポで、私自身の出自についても触れています。

くだんのデスクとは、年賀状のやりとりは続けていました。記者だったころ、年末に会社で年賀状を書いていたら、そのデスクから「ひとこと添えて出すようにしいや」とアドバイスを受けたことがありました。デスクはそういった社会人のマナーを教えてくれた人でもありました。以後、私は、年賀状には手書きの文章をしたためるようにしています。

最初の本を出した翌年、デスクからの年賀状には、ひとことだけ添えてありました。

「脱帽」

私の本を読んでくれていたのです。よく書けてるやないか、君には脱帽や。そう評価してくれたと私は解釈しました。

あのときは言い返せなかった。けれども時間はかかったけれど、私なりの方法で、デスクに自分の出自やメッセージを伝えることができたのではないか——。そう考えています。

デスクはその後、編集局の幹部を務め、関連組織での勤務を経て、完全リタイヤーしました。退職を機に私が声をかけ、二人だけの慰労会を持ちました。かつての上司で、そのような会をもうけたのは、その人が最初で最後です。予想外の出来事があったとはいえ、それだけ恩を感じていたのです。

酒を酌み交わし、昔話に花を咲かせ、お開きになるころ、元デスクが、突然あのジェスチャーについて語り始めました。というのも、私が部落問題について書いた本で、そのことに触れており、それも読んでくれていたからでした。

「あれは、お前を緊張させるためにやったんや」

しっかり取材に取り掛からないとあかんぞと言いたかった、尻を叩くつもりだったと弁明するのです。その釈明に、私は納得できませんでした。私は問いかけました。

「僕が部落出身ということを知ってたら、あんなことできました？　できなかったんじゃないですか？」

「まあそうやな……」

元デスクは私の問いかけに、うなずくしかありませんでした。私が部落出身者でない前提で、四本指を出した。ふだんはしっかり取材することを厳命するデスクが、あのときに限っては「もう取材せんでええ」と言った。その発言と、緊張を喚起するためにジェスチャーを示したという行為が、一致しないのです。何とも弱い言い訳にしか聞こえませんでした。

とはいえ元デスクも、あのジェスチャーについて私が本に書いたことを気にしてたんやなあと、あらためて思いました。

差別に対して、その場で抗議できるに越したことはない。けれどもそれができないこともある。たとえ時間がかかっても、自分なりの方法で相手に伝えることができるのではないかと思うのです。

情報の取り扱い

記者の財産は、人脈です。どれだけ多くのジャンルの人びとと深い付き合いができるかが、仕事に生きてきます。もっともこれは、何も記者という職業に限ったことではないかもしれません。

成育地、出身校などを同じくすることが、互いの親近感を増すことにつながることがあります。ある市会議員は、私が高校生だったとき、運動団体の集会で見かけたおぼえがありました。私より一回りほど上で、場違いに思える甚平を着ていたので目立っていました。

「僕は加古川の部落の出身なんです」

市役所の担当になった際にそう言って声をかけました。以後、議会や市政についていろいろ教えてくれました。

年齢や経歴が違っても、出自やルーツが共通することで打ち解けることができる。それぞれのマイノリティには、ネットワークがあるのです。その人は議員として優秀だったので、貴重な情報源になってくれました。出自がプラスに転化することもあるのです。その議員が、姫路市が発行する市史に、古地図が掲載されていることを教えてくれました。その中に「穢多村」という表記があったので、運動団体が問題にしたというのです。

古地図と現在の地図とを照合すれば、どこに部落があるかわかります。市史は回収されることになりました。

市役所の記者クラブでその話を記事に書いて会社に帰ると、編集部長が声をかけてきました。記者を統括する責任者です。

「その本は、持って帰って来たんか？」

市史の現物を私は見ましたが、記者が持ち帰ることはできません。

「いえ、持って帰ってきてません」

「なんでや？」

編集部長が問い詰めます。そういった資料は、新聞社として手元に置いておいた方が、何かと役に立つと考えていたようでした。歴史に関心がある人だったので、個人的に見ておきたかったのかもしれません。

地元紙として市の幹部を通して実物を手に入れることは不可能ではなかったと思います。しかし私は、部落問題に理解がある職場だとは思えなかったので、仮に手に入ったとしても持って帰ろうとは思いませんでした。

古地図を公開するかどうかは別として、歴史資料として残しておく必要はあります。ところがそれが人の目に触れると差別に利用されることもある。誰がどのような目的で歴史資料を利用するのか。それが担保されない限り、取り扱いには注意を要します。

この問題は、のちにインターネットが普及することで、再浮上しました。


ブラジルに行くつもりが……


常に意識するほどではないけれども、時には意識することもある。それが当時の私にとっての部落問題でした。人によっては、自分のルーツを話すことはありました。この人なら大丈夫と思える人はいました。要は相手次第なのです。

記者になって三年目。信頼できる先輩記者に「そろそろ、会社を辞めようと思ってるんです」と相談しました。三年だけ〝石の上〟に乗る計画でしたから、そろそろ時期がきたと思ったのです。

「もうひと場所だけやってみたらどうや」

そう諭され、それもそうかなと思い直し、もう少し先延ばしすることにしました。外勤記者のあと、本社の内勤の整理部に異動しました。記者が書いた記事に見出しをつけ、紙面のレイアウトをおこなう部署です。私のような入社して数年の新米から、定年前のベテランまで、四十人余りが所属する大所帯で、ここでも親しくなった話せる先輩には、自分の出自は話していました。そういった話ができるのは、例外なく人の痛みがわかる人でした。

ふた場所目で一年半が経った頃、自分がずっと地方紙に居続けることが想像できなくなりました。居心地はいいのだけれど、自分に向いたメディアではないような気がしたのです。やはりここは自分の居場所ではないと思い、今度は誰にも相談せずに退社することを決意しました。次に何をするかを決めないままの退職でした。大学卒業時と同じ、振り出しに戻ったわけです。

整理部に在職中、ブラジルの邦字紙が記者職を募集しているのを知り、受験したことがありました。青年海外協力隊の新聞記者版です。結果は不合格。やはり日本を脱出したかったのだと思います。

阪神・淡路大震災

退職後は一日中、本を読んでいました。寝ころびながら読書していたのですが、一カ月ほど経つと足腰が弱くなり、歩くことさえおぼつかなくなりました。寝たきりは体に良くないことを三〇歳で身をもって体験しました。

失業期間中に大きな出来事がありました。九五年一月一七日の早朝に、兵庫県を中心とする地域を、マグニチュード七・三の大地震が襲いました。阪神・淡路大震災です。

その時、私は地方紙の本社があった神戸から、加古川の実家に住所を移していました。かなり揺れましたが、被害はさほどではありません。部落問題を中心とする人権問題をテーマにした月刊誌『部落解放』（解放出版社）や、その記事を読んだ月刊誌『Views《ヴューズ》』（講談社）の編集者から取材依頼があり、被災した被差別部落を原付バイクや車で回りました。

かつて多くの部落は、スラムのような生活環境だったのですが、同和対策事業によって老朽家屋は団地に、路地は道路に変貌しました。同対事業を受けるには、自治体から同和地区指定を受けなければなりません。地区指定を受けることで公的に部落と認められるのです。ところが地区指定を受けることで差別されることを恐れた一部の地域の住民は、同対事業を拒否しました。これを未指定地区と言います。

昔ながらの老朽家屋が密集していた未指定地区は、震災の被害が大きく、死傷者の数も多かった。部落解放運動と同和対策事業の有無が、生死を分けたのです。

被災した部落とともに障害者も取材しました。実は両者はつながっているのです。介護に入っていた障害者が、神戸市、西宮市に住んでいたので、その日のうちに彼らを訪ねました。知り合いの障害者は、一人を除き、全員無事でした。

自立障害者の多くは、被差別部落のアパートに住んでいました。というのも部落は差別があるゆえに地価が安く、そのため家賃が低く設定されていました。生活保護で生計を立てていた自立障害者の多くが、部落に住んでいたのはそういう背景があったのです。

博物館学芸員に転職

失業期間中、大阪市内の被差別部落にある大阪人権歴史資料館を訪ねました。大学時代、部落解放研究部の学習会に講師として来ていた人物が、スタッフとして働いていたからです。資料館は後に、大阪人権博物館と改称します（愛称・リバティおおさか）。

リバティおおさかは、部落問題を中心に日本の差別問題を常設展示し、講演会や講座などのイベントも企画していました。部落解放同盟大阪府連合会が中心になって一九八五年に設立し、大阪府・市や企業などが出資した財団法人が運営する、半官半民の博物館でした。

「興味のあることを思う存分できるから、受けてみいひんか？」

スタッフがそう言って、私を誘ってくれました。差別問題には人一倍関心があるので、やってみたいと思いました。読者が多い分、何かと制約が多い新聞ではなく、展示やイベントを通して差別問題を伝えることができる。表現が、活字から展示やイベントに変わるのも面白いなと考えました。試験を受け、九五年の春に採用されました。学芸員資格は、後に佛教大学の通信教育課程で取得します。

前述したように、地方紙の記者時代は慣れない社会人生活のつらさを相殺すべく、敢て散財していたので、貯金はほとんどありませんでした。国外脱出は諦めておらず、それにはやはり資金が必要でした。

リバティおおさかは、私が就職した九五年にリニューアルされ、部落問題、性・ジェンダー、沖縄、在日コリアン、障害者、アイヌ民族を主なテーマとして展示していました。

各ジャンルを専門的に展示する資料館はありましたが、日本のマイノリティを網羅しているのは、リバティおおさかだけでした。その意味ではユニークな施設と言えます。大阪は被差別部落や、朝鮮半島、沖縄にルーツを持つ人びとが多かったのも、こういった施設ができた背景にあります。

再就職した一年目に、大学の後輩と結婚しました。学内での部落や障害者の活動を通じて知り合ったので、私の出自は知っています。根っからの風来坊ですから、まさか自分が所帯を持つとは思いませんでした。

結婚と同時に便宜上、戸籍上は彼女の姓に変えました（のちに元通りに）。一方、彼女は本籍を私のふるさとに定めます。見る人によっては、彼女も部落民になったわけです。本人はそう自覚しているようです。

リバティおおさかに就職後は、現在に至るまで私たちは大阪に住んでいます。〝大阪人〟になって三〇年になります。

マイノリティの中のマジョリティ

私が採用された九五年のリニューアル時は、学芸員と事務職員をあわせて二十人弱が在籍していました。差別問題を展示している博物館だけあって、各部門は当事者が主に担当します。なので学芸員には、部落出身者、沖縄系、障害者、女性、在日コリアンがいました。

当然のことながら、職員の出自・ルーツ、属性は、お互いに知っていました。当時としては、珍しい職場と言えるのではないでしょうか。

部落解放運動が中心となり設立された施設だったので、マイノリティで構成される職場の中においては、部落出身者はマジョリティでした。地方紙にいたとき、部落出身者は圧倒的なマイノリティであっただけに（在職時は、私以外に該当者を知りませんでした）新しい職場はその意味では気が楽でした。ではありましたが、マジョリティであることの意味を考えさせられることもありました。

ある年に総選挙が実施されました。私は在日コリアンの学芸員に尋ねました。

「M君、今度の選挙は誰に入れるの？」

在日コリアンに選挙権がないことは頭では知っていたはずなのに、真面目にそう聞いていました。聞かれたM君は私が冗談を言っていると思ったのでしょうか。

「そうやなあ、誰にしようかなあ。○○がええかなあ」

笑って答えてくれました。部落出身者とはいえ、時と場合によってはマジョリティ側にいることをあらためて感じたのでした。

「見せる」ことの可能性

リニューアルしたばかりの博物館は活気がありました。私は三十過ぎで、スタッフもほぼ同じ年齢。今から考えると常設展示は、この頃がいちばん充実していたように思います。当時としては最新の映像技術が展示に活かされていました。

醜い差別を展示でどのように見せるか——。そのことに関心があった私は、映像を担当する業者を取材し、博物館が発行する刊行物に『展示映像の可能性と限界』という文章を書きました。業者がどんなことを考えて映像を制作していたのか。一部を引用します。

映像をつくる上で工夫、気をつけたのはどんな点だったのだろうか。

「人間、なんで差別するかというと情報不足やと思う。その解消は、結局、情報を提供すること。だから絶対見てもらわなあかん。一回、ボタン押してもろたら、途中で歩いていかれへんように。それは、最初に押して始まった時の〝つかみ〟やね。そのためには内容ではなくて映像的にならざるを得ない」

「僕らは人権ビデオ、啓発ビデオをつくろうという風には思わへんかった。行政がつくった、いわゆる啓発ビデオを何本か見たけど、参考になるのは一本もなかった。僕らは第三者的な立場に立って情報を伝える、いわばジャーナリスティックにならざるを得ん。自分自身が共感できるような。そういうのがつくれた、という満足感があるかいうたら、ないわ。ただ、ベストを尽くした、とは言えるけど……」(『季刊リバティ 12号』一九九五年、以下同)

映像業者の意気込みが伝わってくる話でした。実際にどの映像も、見る者を飽きさせない内容・構成になっていました。

地球規模で環境や人権を考える映像では、制作者は次のように発言しています。

「映像の構成は、『負』の部分があって、『正』の部分がある。『負』の部分では、例えば女の子がマスクしてる背景に、工場の煙突から煙が出てたり、戦争に向おうとする少年兵が出てくる。そこから先は『正』の部分。コンクリートから雑草が出てたり、いろんな環境の中で子どもの笑顔がある。対照的なものを並べて見せるのを比較展示って言うんですけど、ベイシックにそれがあっても、それを真っ二つに分けてないんですよ」

なぜ分けなかったのか。

「真っ二つにすると、前半の『負』の部分を忘れてしまう。でも本当は『正』と『負』は表裏一体なんですよ。例えば、スラムの子どもたちの笑顔は、笑ってるからといって『正』じゃない。写真の後ろ側も見てほしい」

社会問題を多面的に描くことの重要性を語っていました。この論考の最後を私は次のように締めくくっています。

映像は便利である。いながらにして人と会え、空間を越えることができる。しかし、映像に頼りすぎると、錯覚も生じる。その人や場所や事象をわかったような気にさせてしまう。要領よくまとまっている映像を見れば見るほど、実態、現実とは疎遠になる蓋然性がある。あとは、映像では伝わってこない雰囲気や息遣いを、自分で確かめるしかない。

論考のタイトルは前記したように『展示映像の可能性と限界』でしたが、これは博物館展示全体にも言えることかもしれません。学芸員として勤めながら、展示ではなく、本物に触れることの重要性を考えていたのでした。

学芸員の自由と不自由

二年後の九七年に同誌で『来館者は何を感じたか　アンケートとインタビューを通して』という論考を書いています。たまたま館内でインタビューした、ハワイ大学の大学院生が展示について、次のように語っています。

「中世から始まり現代に至るまで、どんな人が活躍して、どのように政府によって抑圧されたかが歴史を追って詳しく説明してある。社会の影の部分だけではなく、闘いにも焦点をあてている。しかも部落問題だけでなく、多方面にも目を向ける博物館になっていますしね。とてもいい展示です」

この大学院生は、ハワイの先住民の研究をおこなっていました。日本のマイノリティにも興味があり、来館したとのことでした。来館者の多くがこのような感想を持ってくれていました。

展示にしろイベントにしろ、私の主な担当は部落問題でした。戦後に部落問題が、新聞・雑誌でどのように報道されたのかを調査したり、全国水平社の活動家だった人物をインタビューしたり、地方記者の経験を活かした学芸員の仕事は充実していました。

部落問題以外にも在日コリアンやハンセン病、アイヌ民族の展示やイベントにもスタッフとしてかかわりました。その頃はまだ予算も潤沢で、各地に調査におもむいたついでに、ほうぼうの博物館や資料館を訪ねて見聞を広めました。

大学時代に韓国・水原《スウォン》で知り合った仮面彫りの個展を開いたこともあります。朝鮮の賤民身分の白丁《ペクチョン》も登場する伝統的な仮面劇で使われる仮面です。韓国に出張し、数十点の作品を日本に運び込みました。仮面彫りにも来てもらい、実演してもらったりしました。

また、障害者や同性愛者、部落出身者をパネリストに呼び、それぞれの違いや共通点についてディスカッションしたり、障害者プロレスを呼んだりして、自分の問題意識で企画できるのが魅力でした。

とはいえ組織なので、堅苦しさを感じることもあります。リニューアル後、戦後の部落問題の展示をすることになりました。チラシやポスターを作成する際に、戦後の部落解放運動を象徴する写真を見つけなければなりません。一九五〇年代初頭の部落解放国策樹立請願闘争で、大衆を率いるリーダーが大写しになっている素晴らしいカットを見つけました。

ところがその写真に、リバティおおさかの幹部から〝待った〟がかかりました。写真に大きく映っている人物が、その後、部落解放同盟を離れ、敵対勢力の大幹部になったから、採用はまかりならぬ、と言うのです。

写真に写っている人物はすでに故人だし、その時は同志だったのだから、後にたもとを分かったからといって別にいいではないか。展示を見に来る多くの人にとっては、さほど重要な話ではないのではないか。そう思ったのですが、私の意見は通りませんでした。組織人はそんな考え方をするのか。なんだか小さな世界だなあとは思いました。

「人権」の間口

日本の差別問題に特化した博物館で、展示やイベントに携わりつつ私が考えていたのは、いかに「人権」の間口を広げるかということでした。すぐ前にも挙げた障害者プロレスは、身体・知的・精神障害者が、リングで健全者とレスリングで汗を流す、ある種の〝見世物〟です。

これは興行を主宰するドッグレッグスを追ったドキュメンタリー映画『無敵のハンディキャップ』（天願大介監督、一九九三年）を観て、面白かったことが、彼らを呼んだきっかけでした。

ドッグレッグスの試合は、健全者が障害者を真剣に殴ったり組み伏せたりします。見方によっては、虐待に見えなくもない。けれども障害者が出演しているから、ということでリバティおおさかでも興行を打てたわけです。

展示にしろイベントにしろ内容が大事であって、そこに「人権」や「反差別」などのお題目は必要ないのではないか。だんだんそう考えるようになりました。

障害者プロレスと同様に、自らの身体をさらけだすショービジネスにも関心があったので、いずれはストリップをホールで催したいと考えていました。ショーのあとは、シンポジウムでストリッパーたちにいろいろ語ってもらうという企画です。

しかしよくよく考えてみると、私が勝手に「人権」の網をかぶせようとしているだけであって、自己満足で企画しているような気がしないでもない。障害者プロレスは「人権」を訴えて興行しているわけではない。エンターテインメントとして成功しているのです。「人権」や「反差別」をひっかけて企画している自分が、なんだか空回りしているような気がしてなりませんでした。

書く方が向いているのではないか……

やりたいことができる恵まれた職場ではありましたが、不満もありました。何をやっても、褒《ほ》められることも貶《けな》されることもないのです。各自が好きなこと、みんなで決めたこと、あるいは命じられたことを淡々とこなすだけ。あの展示はどうだった、あのセミナーはどうだったと会議で議論することはありません。

「展示やイベントで改善点があったら、アドバイスしてほしい」

会議で一度、そう言ったことがあります。直後は意見してくれる人もいましたが、時間が経つと元の木阿弥。意見や感想を言わなくなりました。これだと何をやっても自分が進歩しません。まるでぬるま湯につかっているような感覚です。まだ地方紙記者のほうが刺激がありました。

当時は学芸員として勤めながら、ポツポツと雑誌などに原稿も書いていました。リバティおおさかに就職した九五年は、阪神・淡路大震災が発生した年でした。震災関連の記事を雑誌に発表しながら考えました。博物館の仕事はチームワーク。一方、書く仕事は、自分の名前が出て、いい記事は評価され、次の仕事につながる。やりがいという点では、書く方が自分に向いているのではないか……。

学芸員を続けながら原稿を書くという二足の草鞋《わらじ》を履《は》く手もあったのですが、器用なことができるタイプではありません。部落問題をテーマに本を書いてみないかという出版社の編集者からの誘いもあったので、三年弱で退職することにしました。

リバティおおさかは、私の退職後、大阪維新の会が大阪府政と市政を担うようになり、閉館に追いやられました。そんな施設は必要ないと判断されたわけです。部落問題やその他の問題を考えるきっかけとなる施設がなくなったのは残念でした。

現在は跡形もなく、更地になっています。

部落問題に取り組む決意

一〇代のころから脱ニッポン、脱部落民志向が強かった私ですが、学芸員時代に翻意させられたことがあります。

学芸員の先輩に誘われ、海外の紛争地などを取材・撮影する写真家の長倉洋海《ながくらひろみ》さんにお会いしたときのことです。長倉さんの写真も文章も好きだった私は、彼に尋ねました。

「国内を撮るおつもりは、ないんですか?」

海外の紛争に関心があるなら、国内の社会問題にも関心があるのではないか、という前提でお聞きしました。

「ないですねえ」

即答でした。えっ、そうなんや、と驚きました。

同じ学芸員の先輩が、地方都市の写真コンクールの審査員を務めていました。ある年に用事があって行けなくなったので、代役を仰せつかりました。

アマチュア写真家の一〇〇点余りの作品が、テーブルの上に並んでいます。その多くが、海外で撮影されていました。異国情緒あふれる街並みや民族衣装をまとった人びとが映っています。

私たちは、見慣れない風景やファッション、顔かたちに目が行きがちです。その意味で、外国は格好の撮影場所と言えます。それをアマチュア写真家は知っているから、日本以外で撮った写真が多くなる。日本にも撮るべき対象はあるはずなのに……。そう私は考えていました。

長倉さんとの会話や写真コンクールの審査員の経験を通して、私は日本の社会問題、とりわけ部落問題を取材し続けようと密かに決意しました。人に求めるのではなく、自分が行動すればいいのです。ましてや私は当事者、人よりこの問題に詳しいはずではないか、と思い至りました。

かくして私は、脱・ニッポン、脱・部落民の道を歩むつもりだったのに、徐々に国内に留まるようになっていったのです。

部落民の日常を知ってもらう

前にも少し触れましたが、リバティおおさかの学芸員時代に、『Views』(講談社)という月刊誌で、部落問題に関する記事を書く機会を得ました。九五年に起こった阪神・淡路大震災で、被差別部落にどのような被害があったのだろうと考えた編集長からの依頼でした。

『報じられなかった阪神・淡路大震災と被差別部落』は、それなりの読者を得たようで、以降四回にわたって部落問題の記事を書くことになります。

震災と部落を取材した第一回目は、震災になって初めて、隣町の人と話をするようになったという部落出身者の話が印象に残っています。震災は物理的・心理的の双方において、部落と部落外にあった壁を壊したのです。

第二回目は、部落出身、あるいはムラとかかわりが深い若者を取り上げました。運動団体のイメージが強い部落ではあるけれど、いろんな考え方・価値観・生き方があることを書きました。

第三回目は、町議会から県議会まで、さまざまな部落出身の議員を取材しました。地方紙の記者経験で付き合いのあった議員に、一度きちんと話を聞いておきたいと思ったからです。

ヤクザを取り上げた第四回は、啓蒙主義に象徴されるように、部落解放運動が何かものわかりがよく、お上品になりつつあるのではないか、という私の問題意識から取り上げたテーマでした。反差別と人権をテーマとする真面目な博物館に勤めていたからこその反動ではなかったかと、今になって思います。

差別・抑圧が、時として反社会的な勢力を生むことを踏まえることは重要ではないかと考えていたのです。これらの連載は、後に『とことん！部落問題』（講談社、二〇〇九年）に収められました。

四回の連載を元にして単行本を、と編集者から要望があったのですが、一から取材をすることにしました。取材と執筆には、一年半ほどかかりました。

第一作に著者の書きたいことが凝縮されている、とはよく言われますが、真実かもしれません。一九九九年に完成、刊行した『被差別部落の青春』（講談社）のあとがきに、私はこう書いています。


以前に雑誌、新聞などで報道された部落問題のルポを調べたことがある。私が見た限り、部落の描かれ方は、この半世紀にわたってほとんど変わっていない。部落も部落差別も変化しているだけに、実態とのズレはますます大きくなっている。

厳しい差別が実態ではない、と言いたいわけではない。本書で見てきたように、地域や世代によってさまざまな部落がある。そもそも「被差別」の現実でくくるのに無理がある。

その一方で、差別がなくなってきていることを強調し、鬼の首でもとったように同和行政の行き過ぎを執拗に追及する人々もいる。長い目で見れば差別がなくなってきていることも、部落解放運動や同和行政に問題があることも事実だが、それだけを強調するのは部落民（少なくとも私）にとっては迷惑な話である。このような論調が、ますます人々から部落問題を遠ざけている。

このように部落の描かれ方は、差別がまだまだ厳しいという悲観論か、さもなければもうなくなっているという楽観論のどちらかでしかなかった。両極端なのである。私はその「間」を描いてみたいと思った。ふだんは部落出身であることを気にしないが、ある場面で差別にぶつかる。被差別体験はないがふと部落について考える。そんなどこにでもいるような部落民の日常を知ってもらう方が、より部落問題を身近に感じてもらえるのではないか……。

キーワードは「地域」と「世代」

部落出身者とは、旧賤民にかかわる土地や血縁と関係すると思われる人びとを指しますが、必ずしも差別を受けているとは限りません。立場の自覚もさまざまです。出自を強く意識している人もいれば、ほとんど意識しない人もいる。また、誰が部落民か、見る人によっても異なるし、被差別体験にも濃淡があります。

ところが文章であれ映像であれ、部落問題に登場する人物は、ほとんどが被差別体験がある人ばかりでした。部落差別への対処の仕方も人によってさまざまで、その場で抗議する人もいれば、沈黙する（またはそれを強いられる）人もいます。気にしない、あるいは笑ってやりすごす人もいます。

部落問題の捉え方は、当事者でも人によってさまざまです。私が最初の本で書きたかったのは、ひとことでいうと部落の多様性でした。

そのキーワードは、あとがきでも書いているように、「地域」と「世代」です。部落問題は地域によって差別に濃淡があります。保守的な地方・地域は、部落差別が残りがちです。逆に都会は比較的そうでもない。これは他の差別についても言えることかもしれません。

世代によっても違います。一般的に高齢者は、どこが部落で誰が部落民であるかを気にする割合が高い。もちろん、個人差はあります。高齢者で差別的でない人はいますし、若い人でも差別的な人はいます。

その多様性を、家族、差別の現場、地域、教育などの分野で描きました。第一章「家族」では、部落差別を気にしてこざるを得なかった五五歳の母親と、五一六歳の部落外の父親、二一歳の大学生の息子の会話を取り上げました。

わが子の人生に部落差別が影を落とすのではないか、という母親の懸念から三人のやりとりが始まります。（　）内は、角岡の補足です。

「不安やなあ。まだ現実知らんからなあ。そら一方では、若い子が言うように、部落やから何やねん、在日（韓国・朝鮮人）やから何やねん、という世の中になりつつあると思うねん。でも、やっぱりまだまだこの子は現実知らん、また泣くわとか、そういうこと考えてしまうねんね」

「わしは彼女と全然考え違うもんね」

口ひげとあごひげを生やした父親が私を見ながら言った。父親は部落外で生まれたが、結婚を機に、この部落に住むようになった。

「部落であろうが何であろうが、世の中は差別しよるかもわからへん。そやけどそれに負けるような子育てしてるつもりはないしね。言葉悪いけど、それで負けて自殺しようが何しようがアホや、わしから言わしたら」

「だけどなあ……」

母親が反論した。

「友達の息子が付き合ってる子と結婚したい言うて相手の家に行ったら、部落出身やからいうことで犬畜生呼ばわりされて悔しい思いして……」

「なんで何も言い返さんの？」

央人《のぶと》（息子）が口をはさんだ。

「言い返しても、そんな人は聞く耳もたへんやんか」

母親が少し不機嫌になった。

「しばいたったらええねん」

差別する人間には制裁を加えたらいい、というのが央人の考えだった。部落民であることを日常生活の中では意識しないが、差別されることには腹が立つようだ。息子の言葉に母親が気色《けしき》ばんだ。

「そんなんしたら暴力沙汰になるやんか。手ェかけたりなんかしたら、部落の人は何するかわからへん言うて訴えられたりするやんか。今でもそんなんがあるから、そういうときに親子で泣かなあかんねん」

ただでさえ部落は怖いというイメージがあるのに、差別されたとはいえ、人に手をかけようものなら何を言われるかわからない、というのが母親の考えだ。

「ほならプラスに考えたらええねん。そんな差別を認めるような女と結婚せえへん方がよかったと」

父親はあくまでも現実的である。

「そこまで考えるには長い時間がかかるねん」

恋愛で悩んできた母親は、夫のように割り切ることはできないようだった。

「そんな親に育てられる女は、どうせアホやねん」

息子が身も蓋《ふた》もないセリフを言った。

「そんなふうに思える？　悲しい思いしても」

「うん」

息子は自信たっぷりに答え、父親が同調した。
「部落やから結婚せえへんて、そんなアホな相手と結婚できひんなるのは、逆に言うたら喜ばなあかん」
「もう、ほんまに、無茶苦茶の極論言うねんから……」

部落出身者と結婚し、部落に住む父親は、部落差別がいかに理不尽であるかを知っています。だからこそ、差別する者やそれに負ける者は「アホ」と言い切ります。息子はその父親の影響を受けて、あっけらかんとしています。部落出身であることを意識して生きてこざるを得なかった母親は、夫と息子の能天気さにあきれています。人それぞれに部落差別との向き合い方がある一コマを描きました。

出版後、私と同世代のある全国紙の記者がこの本を差して「お気軽部落問題」と評しました。部落差別を軽く描いていると言いたかったようです。差別への向き合い方はさまざまであることが、その記者には理解できなかったのです。

食文化だって違う

第三章「ムラ」では、奈良市内の被差別部落・横井の数十年間を、複数の住民の語りを通して追っています。部落はムラとも称します。部落問題を視点をずらして考えたい。常々そう考えていた私は、この章で、部落に生まれた在日朝鮮人に語ってもらいました。父親が在日で、母親は部落民です。

「小学生のころ、遊びに行くと『ニンニクの匂いするから漬物食《つけもんく》てくるな！』いうて友達によう怒られた。歯ァ磨いて遊びに行くねんけど全然あかんから牛乳飲まされたり（笑）。仲良かったいとこは食べもんはまるっきし部落の人。サイボシ（馬肉または牛肉の燻製。主に部落で生産、流通した）に油粕《あぶらかす》（牛腸を素揚げした食材）、ホルモンでもムラ風に煎ったり炊いたり、煮こごりにしたりとかな。うちの姉ちゃんは同じ横井のムラの人と結婚したけど、婿さんはニンニク類は一切ダメ。だから姉ちゃんはキムチとか隠れて食べてた。でも結婚するのに食の合わない人は苦痛やと思うねや、思わへん？　あたしは絶対無理やわ、ほんまに」

食文化ひとつとっても、部落と在日は違った。部落の中にも在日朝鮮人に対する差別がありました。

「姉ちゃんは同じ横井同士で結婚したけど、うちの父さんが在日やということで反対された。たまたまそのとき、うちは土木で儲けてたから向こうの家もしぶしぶ認めたという感じ。婿さんがだいぶ頑固に、絶対結婚するねんって言い切ったから結婚できたようなもんやけど。

あたし自身は今までもろに差別受けたのは三回くらいあんねん。一回目は小学校四年ぐらいのときにムラの女の子に『あんたのお父さんは朝鮮人や、日本人と違う。よしみちゃんは朝鮮人や』と言われたからその子を叩いて泣かして帰った。ほんだらその親に怒鳴り込まれて、自分の親にどつかれた記憶がある。うちの母ちゃんに叩いた理由を聞かれるねんけど言われへんねん。なんでそのとき言えへんかったかいうたら、子供心に母親が悲しむと思ったんやと思うわ」

出自を実名で書く

被差別部落出身者は、差別を受けるだけではない。他のマイノリティに対して差別することもある。私自身がそうだから、自信を持って言えます（胸を張る必要はまったくないのですが）。もちろん、その逆、部落民以外のマイノリティが部落を差別することもあります。

差別問題を考える時、差別・被差別の双方から見ていくことは重要です。誰しもどちらかの側面を持っているわけですから。

『被差別部落の青春』は、さまざまな当事者を取材したルポですが、私自身のことについても書いています。本書でも触れている、生まれ育ったふるさとのこと、学校での同和教育などについてです。そうしたほうが、部落問題が伝わりやすいのではないかと思ったからです。

プロフィールは担当の編集者が考えてくれました。

「ご自分が部落出身であることを入れますか？」

編集者にそう聞かれました。本文には自分の出自についても触れているからです。

「そのようにしてください」

そう答えました。出来上がった本には全身写真と、以下の文章が入っていました。

「一九六三年、兵庫県加古川市生まれ。被差別部落に生まれ育つ」

出自を公にすることに抵抗がなかったと言えば嘘になります。部落出身を明らかにすることで何か嫌な目に遭うのではないか、という考えがよぎりました。

私だけで済む話ではありません。家族はもとより、親戚には私と同じ姓の人もいます。プロフィールには「加古川市生まれ」とあるので、地域を特定されるかもしれません。

私ひとりだけの問題では済まないのです。

かといって、いちいち家族や親戚に相談するわけにもいきません。万が一「実名で本を出すのはやめて」と言われたら出せなくなります。なので誰にも相談せずに、実名で刊行することにしました。

その結果、何か災難に遭ったかというと、特にありませんでした。嫌な思いをすることもなかった。それどころか、同じ姓の親戚には出版祝いとして五〇〇〇円をいただいたのです。

「部落問題を書いてる、角岡という人は身内？」

そのように聞かれた同姓の人もいました。

「そうやで」

聞かれた人は否定しなかったそうです。

差別に対抗する最も有効な方法は、自ら名乗ること――そのように私は考えています。だからといって同じ立場の人にそれを勧めるわけではありません。各人が決めればいいのです。

ただ、自分の出自や属性やその他もろもろを自然に公にできるようになればいいな、とは思います。

この本を出してから、同じ立場の人、学校の教師、同和行政の関係者など、いろんな人と知り合うことができました。
実名で出自を書いてよかったと今でも思っています。

第三章

Afterthat　そのあとは——食文化、同和利権、インターネット

『ホルモン奉行』

単行本の第一作が部落問題だったこともあって、その後、私はフリーライターとして、被差別部落関連の記事や本を書くことになります。

「ホルモンの連載をしませんか？」

世紀が変わるころ、部落問題の書籍を多く出している出版社の編集者から声をかけられました。

「お肉ではなく、ホルモンですか？」

そう問い返しました。関西ではホルモンとは、牛や豚、馬の内臓やスジ肉、タン、尻尾などを指します。

「そう、ホルモンでお願いします」

編集者がそう答えました。

月刊誌『部落解放』の二〇〇一年の一月号から、『ホルモン奉行』というタイトルの連載を始めました。連載をまとめた単行本が、同じタイトルで、解放出版社から出ています。

食肉産業は部落と密接に結びついていることから、この企画がスタートしました。編集者の実家が焼肉屋であったことも、連載が始まる大きなきっかけでした。

ホルモンは、焼肉屋でよく食されます。そもそも焼肉は、日本では在日コリアンの食文化ですが、部落でも煮たり、てんぷらにしたりして食べます。

「鍋奉行」という言葉をご存じですか？　みんなで鍋を囲んだとき、「まずはこれを入れて！」「次はこれ！」と、何かと指示する人を言います。ホルモンに関する蘊蓄《うんちく》を読者に伝えるというスタイルで、部落のホルモン料理を紹介しよう、という主旨からこのタイトルを思いつきました。

これ以外にも、私が教祖に扮して信者に伝える「ホルモン教」というタイトルも考えましたが、似たような名称の宗教団体があるので断念しました。

屠畜という仕事

賤民には、牛馬を解体したり、死んだ牛や馬の後始末をしたりする仕事に就いている人びとがいました。皮や骨、脂などは、武具や肥料などに利用されます。

近代になると西洋文化が浸透したことで、肉の消費量は飛躍的に伸びます。部落内には次々と屠畜場《とちくじょう》、略して屠場《とじょう》が設けられ、部落の人びとが肉にかかわる仕事に就きます。旧身分にかかわる差別が部落問題ですが、歴史の連続性は、仕事についても言えるのです。

屠場は現在は公的には「食肉センター」と呼ばれたりしますが、ここでは前者の歴史的かつ日常的な呼び方を採用します。

食肉産業は部落とのかかわりが深いのですが、屠場があるのは、ごく一部の部落だけです。各都道府県には、数カ所存在しますが、全国に被差別部落は数千カ所あるので、割合で言うと数パーセントにしかなりません。

屠場で取り出されたホルモンは、部落の人びとによってさまざまな食材・食品に加工されます。それがかつては行商人などによって、別の部落にも流通しました。時間軸において食文化は、身分と職業の縦の歴史の連続性を見ることができますが、食文化に関しては横の空間的な広がりがあります。ホルモン料理は、部落の伝統・郷土料理《ソウルフード》と言えるでしょう。

取材で印象に残っているのは、少なくとも江戸末期から牛馬の治療と処理がおこなわれていた、大阪・羽曳野《はびきの》市向野《むかいの》のホルモン料理の数々です。牛の第三胃・センマイの酢和え、第一胃・ミノの湯引き、牛スジを焼いた〝やきな〟、牛の腸を素揚げした油カスを使った雑炊〝ミソ〟、さまざまな牛ホルモンを甘辛く炒めた〝ころ炊き〟……。

いちばん最後の料理は、ぜひ作ってみてください。牛の内臓（心臓、胃、肺など）を一口大に切って、湯でグツグツ煮て灰汁《あく》を取ります。ザルに入れて湯を切り、フライパンで乾煎《からい》りし、水分を飛ばします。そこにしょうゆ、砂糖を適量入れると、はい出来上がり。ホルモン各種が、甘辛いタレとよく合います。

大阪では牛の内臓各種は、まとめてホルモンミックスとして、一部の肉屋で販売されています。詳しくは私が奉行に扮したコスプレが表紙の『ホルモン奉行』（解放出版社、二〇〇三年）に掲載されているレシピをご覧ください。

恋人が食べてきたもの

部落差別が部落と部落民を生んだのですが、部落民は部落の文化を生み出しました。部落問題は「違い」が見分けにくい差別ですが、食文化で見ると「違い」がないことはない、と言えます。

以下は、『文化・メディアが生み出す排除と解放』（荻野昌弘編、二〇一一年、明石書店）に書いた「食とマイノリティ」というタイトルの文章です。

私は1997年から7年間、大阪大学で非常勤講師として部落問題論を担当していた。前期15回のうち、1回は部落の食文化を味わう授業を実施した。

ある年、兵庫県在住の部落出身の女子学生が受講していた。授業後に感想文を書かせるのだが、彼女がそこに出自を記していたのでわかった。彼女は当時、他大学の学生と恋愛していたが、まだ自分が部落出身者であることを打ち明けていなかった。いつか告白しなければ、と悩んだ末、彼女は私が担当する部落問題論の授業に彼を連れてきた。

その日は「部落を味わう」授業だった。この日を狙って彼を呼んだのか、たまたまそうなったのかは確認していない。以下は授業後、彼女と彼から直接聞いた話である。

サイボシ、油かすの煮物、ホルモン各種が入った煮こごり……。次々と出てくる部落の食文化を味わいながら、彼が言った。

「あ、これ食べたことある。これも食べた。これも……」

不思議に思い、彼女が彼に聞いたところ、なんのことはない、彼も部落民だった。彼の両親は部落で生まれ育ったが、部落外に家を建てたため、彼はそこで育った。両親は自分たちの故郷が部落であることを我が子に教えていなかった。しかし、親戚づきあいなどで部落との往き来はある。子供たちは部落で育ってはいないが、親戚の家で食事したり部落内で買い食いしたりしていたため、ムラの食文化にはなじみがあった。

二人はホルモン料理を通じてお互いの出自を知ることになった。授業直後にその顚末を話してくれた彼女は、晴れやかな顔をしていた。

食文化が、同胞を確認する指標ともなるのです。

問題に出会う入口

どんな社会問題にも入口があります。いくつかあるドアのどこから入るかは、とても重要です。食文化を通して部落問題を考えるのも面白いでしょう。

「あそこへは遊びに行くな」

「あそこの子と遊んではいけないよ」

そういった親や祖父母の教えから、部落問題に接することが、かつては少なくありませんでした。

学校では、賤民の歴史と部落差別の実態を学びます。〝行ってはいけないところ〟〝差別される地域、人びと〟。どちらにしても、いいイメージはありません。

二〇〇二年に同和対策事業が終了すると、事業や運動団体の不祥事だけを集めた書籍が次々と刊行されました。不祥事があったことは事実ですが、ことさらそれをあげつらうのは、同和対策事業を全否定することになりかねません。

また読者は、部落の人や運動団体は、金儲けのために事業を利用していると思いかねません。部落問題の入口としてはどうかなと思うのです。

インターネットが普及した今、それらの図書を参考にした情報がけっこう盛り込まれ、拡散されています。たとえば「部落問題」をネットで検索すると、誰もが書き込むことができるウィキペディアには、次のような文章が出てきます。

部落問題（ぶらくもんだい）は、明治より前の主として江戸時代における厳しい身分制度の下で下に置かれ差別された身分の人々、さらには、それらの人々が身分制社会の下ではしばしば一定地域に居住することが義務付けられていた為そういった地域の出身者に対する差別あるいはそれを基に発生する諸問題である。「同胞融和（どうほうゆうわ）」から略して、同和問題（どうわもんだい）とも称される。同和利権問題や差別自演事件らも含まれる。

数年前まで――江戸時代の「士農工商エタ非人」という身分制から発した差別――と記されていました。近世政治起源説が誤りであることに気付き、削除したのでしょう。「同和」は、戦前に使われた「同情融和」「同胞一和」を縮めた表現です。「同胞融和」だと、これらがまぜこぜになっています。昭和天皇が即位した際の勅語にある「人心惟《こ》レ同シク民風惟レ和シ」から採ったとも言われています。いずれにしても、行政で使われることが多いので、私はあまり使用しません。

それはさておき、部落民が不正に利益を得ていることを意味する「同和利権」や、同和対策事業の継続を求めて部落民・運動団体員が差別事件を起こす「差別自演事件」と部落問題は、イコールではありません。それらは部落解放運動が抱える問題であり、その意味では部落解放運動問題であると言えます。

同対事業は「犯罪誘発装置」？

同和対策関連事業が終了した二〇〇二年に刊行された『同和利権の真相　マスメディアが黙殺してきた、戦後史最後のタブー！』（寺園敦史＋一ノ宮美成＋グループ・21編著、宝島社）の序文は、次のように書かれています。

同和対策事業が、部落問題を基本的に解決するうえで大きな効力を発揮してきたのは確かだろう。しかし半面、それは底なしの利権、腐敗を生み出す「犯罪誘発装置」と呼ぶべき、おそらく世界に例をみないだろう特異な〝システム〟を生み出してきた。

この利権と腐敗の「核」として常に介在してきたのが、部落解放同盟である。

部落解放同盟は、全国水平社の流れをくむ被差別部落出身者を核とする運動団体です。解放同盟は同和対策事業を求めて運動を展開します。当初は日本共産党も歩調を合わせていましたが、その後、意見の相違から、事業には反対の姿勢を示します。

両者は対立し、共産党系の人たちは、六九年に部落解放同盟正常化連絡会議を、七六年に全国部落解放運動連合会（全解連）を結成しました。そのような背景もあって、同和対策事業にかかわる不祥事を、もっとも熱心に指摘してきたのは、現在に至るまで共産党系の人びとです。

三〇年余りにわたる同和対策事業は、三六府県の四五三三地区、約二一五万人を対象に一五兆円をかけておこなわれてきたと述べた上で、同書はたたみかけます。「同特法」は同和対策事業特別措置法の略称で、共産党系はそう呼びます。

だが、このうちのどれだけの公金が、本来の意味で住民のために使われたのかは疑問だ。部落解放同盟は、同特法施行直後から全国の自治体を文字どおりの暴力で屈服させ、自分たちを、同和事業の唯一の受け皿団体として認定させてきた。俗に「窓口一本化」と呼ばれるものだが、このシステムは、その後長く、多くの自治体で維持されることになった。まさにこの「窓口一本化」こそが、解放同盟の利権そのものだった。その間、組織内外の反対派を暴力と脅しで粉砕し、利権システムはより強固なものになっていく。

そもそも同和対策事業はなぜ必要だったのでしょうか。部落の人びとの多くが、差別の結果によって、人並み以下の生活を強いられていたからに他なりません。

『同和利権の真相』は、シリーズ化され、四巻まで刊行されました。それらに反論するため『「同和利権の真相」の深層』（解放出版社、二〇〇四年）が出版され、私も執筆陣の一人に加わっています。

前にも述べましたが、私は特定の運動団体には所属していません。あくまでも一人の部落出身者として発言しています。

部落差別は自然になくならない、沈黙するのではなく考え続けることは重要。場合によっては、何らかのアクションを起こす必要があるというのが私の考えです。ただし、時代に合った新しい部落解放運動が不可欠であるとも考えています。

老朽住宅が三、四割も

反論本で私は、同和対策事業が始まる前の部落の実態を紹介しています。あえて日本共産党系の部落問題研究所が発行する雑誌『部落』（一九五二年）の記事「部落問題と住宅」を採録しました。

地区に入ってみると、まず印象づけられることは、狭い路地（その多くは袋小路になっている）を挟んで、壊れかかった粗悪でしかも狭小な住宅が建ち並び、建ち込み方は著しく、通路以外には空地はみられず、排水の悪い溝には、こわれたドブ板の下に汚水がよどんでいることである。

次にこうした劣悪な住居の中で、居住者はどんな住生活を日常営んでいるかが気になるが、採光のよくない一室又は二室の狭い家に多数の家族員が住み、そこでは著しい過密就寝の雑魚寝が行われている。

まず、家屋についてみると、棟は波打ち、軒は垂れ下がり、瓦はずれ、壁は落ち、柱は傾き、床は根太《ねだ》が落ちており、ちょっとした雨でも著しく雨漏りする老朽住宅が多くみかけられる。このような家は、家としての寿命を超えたもので今となっては修理が不可能な家である。

この老朽住宅の数は、地区内全住戸に対する割合で示すと、番町地区（神戸市内）では四四％、三條地区（京都市内）では二七％の高率を示している。

不衛生でジメジメした、当時の部落の実態が描かれています。こういった老朽狭小住宅が、都市部では三〜四割も占めていたのです。

生活の厳しさは変わらない

翌年、雑誌『部落』は、奈良の部落を訪れた記事を掲載しています。改行が一切ない、読みにくい文章ですが、その一部を引用します。

丸瀬の人達には健康そうな人はあまり見られない。そのため何だか大陸的な怠惰鈍重というような感じがする。あまり気力もなさそうだし、文化にかけ離れている。土地の人にも聞いてみると山稼《やまかせぎ》作業があってもあまり励まないようである。無智無自覚の人が多いから、資金など搾取されていてもそのことがわからないとのこと、全く貧困生活に慣れているというか殆《ほとん》ど向上心がない。一人が他から米でも借りてきたことがわかると、近所隣りからせがみ合うという。夜具なども殆ど完全なものがなく、大勢の家族がザコ寝するより仕方がない。子供たちは殆ど長欠児で、頭髪も長く伸び、あかじみた弱そうな姿でぼう然としている様を見ては、奇異の感じがするとともに哀れにも思える。学校へ行くにも靴がない。衣服がない。もちろん学用品もないという。地方事務所の社会福祉課のある熱心な人は、丸瀬にゆく時にはバリカンを持参して子供達の散髪をしてやったという。世間離れの部落、忘れられていた人達、しかしここにも同和対策事業の手は最近のばされてきた。水道修理や井戸も整えねばならない。電燈はもちろんつけねばならない。長欠児をなくするための処置も講ぜねばならない。県と村当局と今対策を練っている。

貧しく、まるで覇気がない部落の実態が詳述されています。部落差別がもたらしたこのような劣悪な状況を変えるために実施されたのが、同和対策事業です。

しかし共産党は後に、同対事業を受けると日本政府に取り込まれる、事業は毒まんじゅうだ、それを食べると体中に毒がまわると訴えたのです。そして、部落問題は解決しつつあると言い出します。

差別と貧困という問題をかかえていた部落の人たちは、さまざまな格差や非人間的な状況を変えるべく立ち上がります。生活改善を求める部落解放同盟は多くの部落に浸透し、毒まんじゅう論を唱える共産党系の運動団体は、その後塵を拝します。両者の対立は、部落解放運動の主導権争いをめぐって起きた――と私は解釈しています。

部落の劣悪な生活実態が変わるのには、時間がかかりました。同対事業が始まって七年経った一九七六年、政府は全国の部落を調査した結果を発表します（全国同和地区調査）。

これによると、全国の被差別部落の生活保護率は、七六・〇‰でした。「‰」は千分の一をあらわし、パーミルと読みます。つまり一〇〇〇世帯で、七六軒が生保を受給していたわけです。府県全体の平均は一一・五‰で、約七倍もの差がありました。福岡県の被差別部落の生活保護率に至っては二二二・八‰で、全国平均の一九倍にものぼりました。香川、高知、佐賀、京都、徳島の各県も一〇〇‰を超え、全国のそれの九倍にあたります。

たとえ同和対策事業が始まっても、部落の生活はいまだ厳しいままであったことが数字にあらわれています。

公共事業は何をもたらしたのか

被差別部落に対する公共事業は、何をもたらしたのでしょうか。自治体によっては、一九六九年の同和対策事業開始以前から、劣悪な住環境の改良事業がおこなわれました。また、部落解放運動によって住宅を勝ち取った地域もあります。一九五七年の雑誌『部落』に掲載された「アパートのくらし」という記事には次のように書かれています。（　）内は角岡の註です。

その田中部落（京都市）を訪れる人の誰もが最初に見つけるに違いない唯一の近代建築――若《も》し天気が良ければそれに見事な洗濯物のオンパレードが加わる――それが写真に見る市営養正アパートである。昭和二七《ママ》年、京都市の一吏員が部落をネタにデッチあげた「特殊部落」という差別小説事件、いわゆる〝オール・ロマンス闘争〟をきっかけに部落の人たちは、その貧しい汚濁にみちた生活こそ差別を生み出すガンであることを知った。京都市がこのアパートを建てた背景である。

鉄筋コンクリート三階建一棟に二四世帯、二棟で四八世帯が今ここに住んでいる。四畳半二間、三畳一間それに板間の炊事場、バルコニー（？）水洗便所もついたなかなか瀟洒《しょうしゃ》な住宅である。

入居者の大部分は不良住宅としてとりこわしにあった人たちで、日雇《ひやとい》・土工《どこう》が多い。したがって収入も一万円以下が半数を占めていることが、月収三万円以上などを条件とする他の一般アパートと違っている。

Aさんは奥さんと子供三人をかかえて失対（失業対策事業）に行っている。かつては大酒のみで、ともすればところかまわずあばれ廻って、近所一帯の鼻つまみものだった。だから入居者の選衡（選考）に当った係員も、首をかしげた。家へも訪ねてみた。傾きかけた四畳半と三畳の家は、陽が照れば屋根から幾すじもの光がさしこみ、雨ともなると飯食う茶碗までも動員して雨漏りを防ぐという始末。やっとAさんは入ることが出来た。ところがどうだろう。アパートに入って一年もたたないうちに、いつもドブ（酒の一種）の匂いをプンプンまき散らしながら大声でがなり立てているAさんがガラリと変わってきた。それどころか、二階のAさんの窓からは時折笑い声さえ聞こえてくる。「居は気を移す」ともいうが、明るいきれいな部屋は、やはり人の心も和らげる。それに加えて、何しろ最初のアパート入居者へは与論（世論）の批判もきびしい。もう以前のAさんではない。仕事が終わるととぶようにして帰る。時々拾ってくる板ぎれで、子供のための勉強机も作ってやった。その机の上には、いつの間にか蛍光灯もついていた。近頃では中古品だがタンスも並んできた。赤ん坊が泣くと相手になってあやか《ママ》すのも、今ではAさんの役割である。

崩れかけた家屋に住んでいたときは荒れていた男が、新しい住宅に移ったとたんに真人間になったようです。非人間的な生活を余儀なくされていたけれど、公共事業によってようやく人並みの生活を送れるようになった。そう読み取ることができます。

　この記事が掲載されたのは、前にも述べたように共産党系の雑誌でした。記事を読めばわかるように、当初は共産党も差別と貧困に苦しむ部落の生活環境を変える同和対策事業を求めていたのです。

「窓口」はひとつだけではない

同和対策事業が始まる前に、自治体によっては同様の事業がおこなわれていたことは、すでに述べました。

たとえば大阪市内にある被差別部落・浅香《あさか》は、かつては大和川の堤防の上に四九〇戸、河川敷に二〇二戸の木造家屋が密集し、そのうち八二％が不良住宅でした。大和川が増水すれば、河川敷の家屋の二階にまで浸水する状況でした。

これらの住宅問題を解決するため、六五年に浅香地区住宅要求者組合が結成されます。この組織を母体にして、同年に部落解放同盟浅香支部が設立されました。両組織は劣悪な住環境を改善すべく大阪市と交渉を重ね、市は翌年に同和向け住宅一五〇戸を建設することを確約します。

ところが、赤十字奉仕団を母体とする浅香町会が「浅香は部落ではない」と主張し、解放同盟浅香支部と対立します。同和住宅の建設は、そこが同和地区であることを認めることになるため、町会の人びとにとっては許しがたいことだったのです。自治体から地区指定を受けなかったからといって差別されないわけではないのですが、地域住民としてはそっとしておいてほしかったのでしょう。

浅香では同和予算によって住宅は建設されましたが、大阪市は町会の顔色をうかがって住宅の名目をあいまいにしました。浅香町会は「同和住宅」ではなく、「福祉住宅」と位置づけたため、町会と住宅要求者組合・解放同盟浅香支部の二つに窓口がありました。

後に窓口は一本化されますが、混乱はしばらく続きました。共産党・全解連の言うように、必ずしも「窓口一本化」こそが、解放同盟の利権そのものだったわけではありません。

共産党系や自民党・保守系の運動団体が窓口を持っていた地域もあります。

同対事業に群がる人びと

同和対策事業は、部落の人びとの劣悪な生活環境の改善に大きな役割を果たしましたが、さまざまな社会問題を引き起こしたのも事実です。

事業は、住宅や道路などの住環境の整備や奨学金の給付、就労保障、保育・教育事業など、多岐にわたりました。政府と自治体は、莫大な予算をかけて、部落と部落外の格差の是正をはかりました。その過程で、事業費の一部をかすめ取り、私腹を肥やした人もいました。

私が直接取材した部落解放同盟の元支部長は、七〇年代に部落内の開発にあたって、整備される予定の土地を事前に購入し、買った価格より高く売ってその利ざやを稼いでいました。いわゆる土地ころがしです。

また、同対事業で建てられた住宅に優先的に入居させ、礼金をもらったりしていました。その相場は、一件につき七〇万円でした。一〇件あれば七〇〇万円にも膨れ上がります。いわゆる同和利権の詳細は『ピストルと荊冠《けいかん》〈被差別〉と〈暴力〉で大阪を背負った男・小西邦彦』（講談社、二〇一二年）に書きました。

ただ、不正があったからといって、同和対策事業があたかも運動団体の金儲けのために存在したかのように語られるのは本末転倒です。すぐ前に長々と同対事業が始まる前、始まってからの部落の生活状況を雑誌記事から引用しましたが、非人間的な生活を変えたのが同和対策事業であることは変わりません。

なぜ同対事業が必要だったかという前提を無視・軽視した議論は、あまり意味がありません。運動団体を批判したいがために、それらの材料を集めてきた側面もあります。その背景にあるのは、前に述べたように運動や事業をめぐる主導権争いです。

同和対策事業に関連して、一部の運動団体員や部落民が利権を独占しているように書かれましたが、それを求めたのは部落の人たちだけではありません。私が取材した事件で、次のようなケースがありました。

大企業に勤める部落出身者は少なく、部落内の自営業者は零細企業がほとんどでした。そのため、出身者が経営する事業主には免税措置が実施されました。その制度を利用し、部落の企業が結集する組織の顔役に取り入って、複数の部落外の経営者が参入していました。組織に加入することで節税できるからです。

同和対策事業で部落の人が得をしたり利権を漁《あさ》ったと言ったり書いたりする人がいます。私はそれを否定しませんが、それは何も部落の人に限ったことではなく、残念ながら部落外にも事業に群がった人がいたのです。

特定のグループに、何らかの特徴があるわけではありません。同じような状況になれば、どんな人間もだいたい同じような反応・行動をするのではないか。不祥事の取材を通して、私はそう考えました。

もっとも、だからといって部落民や運動団体の問題点が許されるわけではないのは言うまでもありません。

いじめや性被害や差別問題の原因を被害者・被差別者側に求める人がいます。いじめられる側にも問題があるのではないか、性被害者にも落ち度があったのではないか、部落民がだらしないから差別されるのではないか、などといった言説です。

部落差別はないのに、あるあると言って騒いでいるだけといった言葉で片付けられてしまうこともあります。部落差別を知らない、見ようとしない人びとにとっては、それが真実なのでしょう。部落だけがいい目をしている――。それまで眼中になかった人が権利を主張している。あるいは〝下〟に見ていた人が〝同じ〟か〝上〟に這い上がって来たという違和感・嫌悪感があるのかもしれません。

そういった〝上から目線〟が、〝差別あるある詐欺〟と結びついて、同和利権批判につながっているのではないか、と思うのです。

インターネットに載った情報

部落問題は元はといえば、近代以前の身分制に基づく差別です。一八七一年の「解放令」の発布で賤民身分はなくなるはずでしたが、人びとの意識は変わりませんでした。しかし全国水平社をはじめとする部落解放運動によって、状況は変化してきました。就職や結婚などにおいて、部落差別をすることが当たり前だった時代から、少なくとも表立って差別することがはばかられるところまで変わってきたのです。

ですが、歴史が前に進むとは限りません。九〇年代半ば以降、インターネットが急速に普及しました。かつて私を含め多くの人びとは、新聞・雑誌・書籍、テレビ・ラジオなどを通じて情報を得ていました。今ではパソコンやスマートフォンを通して、受信はおろか発信までできるようになりました。

大学時代に学習会開催の知らせを立て看板やビラ（チラシ）などで告知していた時代を知っている私からすれば、ネット・SNSの普及は、驚天動地の出来事と言っても過言ではありません。個人がメディアを持ち、自由に情報を発信できる時代が来ることなど予想もしていませんでした。

調べものやさまざまな連絡、原稿のやりとりは、今ではインターネットなしでは考えられません。便利な世の中になったものだと、つくづく思います。

とはいえ部落問題というジャンルで情報化社会を見てみると、手放しで喜ぶことはできません。むしろ、ネットなどないほうがよかったのではないかとさえ思うほどです。

『ふしぎな部落問題』（ちくま新書、二〇一六年）という本を書いていたとき、「解放令」から現在にいたる一世紀半をまとめる必要がありました。「どこ」が部落か、「だれ」が部落民かを、いつの世にも気にする人がいた。それらの情報が、さまざまな通信機器によって拡散されてきたことを明らかにしたかったのです。

インターネット上で部落がどのように情報発信されているのかを調べていると、驚くべき内容のサイトが目に入りました。一九三五年に政府が実施した「全国部落調査」の内容を、そのままアップしたものでした。政府は戦前から部落に対する事業を続けていましたが、事前に調査をおこない、それをまとめていたのです。

調査内容には、全国の部落の地名や住所、戸数、主な職業、副業、生活程度などが書かれていました。私のふるさとも、掲載されていました。ただし、地名は不正確でしたが。

サイトには古い資料だけではなく、備考欄には地域の歴史や現在とつながる情報などが書かれていました。たとえばわがムラの備考欄には、次のように記されています。

○○姓19件、○○姓14件、○○姓6件、○○姓5件。2000年電話帳。別府村騒擾事件（1923年）の舞台。ライターの角岡伸彦の出身地。角岡の父方の祖父（角岡辰巳）と母方の祖父（吉野湊）はそれぞれこの騒擾事件で検挙され有罪判決を受けた。

○○には、実際に存在する姓が書かれていました。

携帯電話が普及する前は、多くの家庭に固定電話がありました。家庭に配布される電話帳には、住所が書いてあります。部落の範囲、地名がわかれば、電話帳で調べれば名前を抽出できます。

つまり、この備考欄の執筆者は、誰が部落民であるかを不特定多数の読者に知らせているわけです。誰が部落民かを調べている者にとっては、ありがたい情報源と言えます。記載されている「別府村騒擾事件」は、第一章で紹介した、私のふるさとで差別発言をきっかけに起こった糾弾闘争です。差別（語）に抗議したことを「騒擾」（騒ぎ）ととらえたのは、当時の警察や本村の人たちであって、被差別部落の人びとはそう考えません。私たちは「別府村事件」と呼んでいることは既に書きました。事件名ひとつをとっても、執筆者の立ち位置がわかります。

私の二人の祖父の名前も書かれていますが、これは私の著書（『ふしぎな部落問題』）からの引用かもしれません。私は自分の著書では、地名や人名をなるべくそのまま記すようにしています。それらを明らかにすることが、部落問題解決の糸口になり得ると思うからです。

ただ、それを誰がおこなうのかという主体は問われます。第三者が勝手に誰かの個人情報を不特定多数の人びとに公開することがあってはなりません。これはどんな社会問題についても言うことができます。

『ふしぎな部落問題』では、差別発言をした人物の名前も、ご遺族の許しを得て書いています。ところがサイトには抗議した人物、つまり部落の人びとの名前しか書かれていません。事件の全貌を描きたかったのではなく、ただ単に誰が部落民かを書きたかっただけということが、よくわかります。

部落民は存在しない？

別府村事件まで掲載した「全国部落調査」は、一九七五年に発覚した「部落地名総鑑」の元になったと言われています。後者は複数の興信所（調査会社）が、部落出身者を特定するための参考資料として作成し、企業や個人にひそかに販売していました。購入者は、採用や結婚の際に活用したと言われ、現在までに一〇種類前後が刊行されているのがわかっています。国会でも取り上げられ、後に二〇〇社以上の名だたる大企業や大学、個人が購入していることが判明しました。

かつてはどこが部落か、誰が部落民かを調べる際は、興信所に安くない料金を払って調査を依頼していました。興信所は「部落地名総鑑」を参照したり、地元で聞き込みをしたりして、調査対象者が部落民か否かを依頼者に報告していたのです。

その後、自治体によっては、このような身元調査は条例を制定して規制したり、第三者が特定の人物の戸籍を役所などで取得する場合、本人に通知が届く制度を創設したりしました。

そのような取り組みの結果、戸籍に書かれた個人情報は、容易に閲覧できないようになりました。国や自治体が積極的にそれを進めたわけではなく、部落解放運動をはじめとする反差別勢力の取り組みの成果と言えます。

その動きに結果的に逆行することになったのが、インターネットの普及でした。「全国部落調査」をサイトに掲載した人物は、二〇一六年二月に書籍化して販売することをネットで告知しました。それに対し部落解放同盟は、出版差し止めと、サイトへの掲載禁止を求める仮処分を横浜地裁に申請しました。同時に部落解放同盟は、同盟員や出身者ら二三四人が、プライバシーを侵害されたなどとして東京地裁に訴えました。

当時三〇代後半で、本業はシステムエンジニアの被告の男は、裁判が始まる前の書類（答弁書）の中で、〝そもそも論〟を展開しています。「本案件抗弁の理由」として「当事者適格がないこと」を挙げ、次のように書いています。

部落解放同盟らは「部落住民・部落出身」ないしは「被差別部落出身者」である旨を主張するが、そのような身分は法律上存在していないし、また社会的にも学術的にも定義が定まっていない。従って、部落解放同盟らが「部落住民・部落出身者」ないし「被差別部落出身者」であることはあり得ない。

その上で、本件の請求は、部落解放同盟らが「部落住民・部落出身者」ないしは「被差別部落出身者」であることを前提としているため、部落解放同盟らは原告適格を欠いている。

部落民は法律上は存在しない、定義があいまいだから、それを前提とした原告は裁判を起こす資格がないと主張しています。「法律上存在していない」から、あるグループが存在しないという理屈が理解できません。そんなことを言えば「関西人」や「播州人」は存在しないことになります。

被告とのやりとり

同和対策事業は、同対法という法律のもと、被差別部落という土地と、被差別部落民を対象におこなわれてきました。部落民とは賤民に起源をもつとされる人びと、または旧エタ・非人村に住む人びとども言えます。部落と部落民が存在しなければ、同和対策事業は実施されることはなかった。存在しない地域や人に対して事業をおこなうことはあり得ないからです。

二〇一六年七月五日の第一回口頭弁論には、被告が初めて出廷しました。被告は閉廷後、記者会見をおこないました。記者席には顔見知りの解放同盟員もいましたが、ネットで攻撃されるのが嫌なのか、誰も質問をしません。私は素朴な質問をしました。被告は拙著を読んでいるようで、私のことを知っていました。

角岡　部落民って誰ということに、なんで興味を持たれたんですか？

被告　同和行政とかを追及していくと、そうならざるを得ないんですよ。たとえば角岡さんは（著作で）部落で育ったって書いてるけど、地元にいたら誰が部落民かは当たり前だと思うかもしれないけど、行政がいろんな地域でやってることを見てると、そうじゃないんですよね。部落民かどうかというのは、ものすごく曖昧なんです。

私の地元でも、明らかに部落外の町内会に入ってる人が（同和対策事業の）固定資産税の減免を受けたりとかですね、（部落の近くに住んでいる）僕も一歩出れば、部落民と思われたりするしね。行政を騙すことは簡単なんですよ。

じゃあ部落の町内会に入ってる奴は、本当に部落民かっていったら、これも相当怪しい話なんですよ。相当の人が、明治とか大正（時代）に移住してきてますから。部落の人と結婚したり離婚したりとかしたらどうなんだとかね。そういう話は、あっちこっちで起こってます。

だから部落民かどうかっていうのは、すごく曖昧だっていう。それをなんか当たり前のように無批判に議論するのはおかしいんじゃないかっていうことです。

角岡　曖昧かどうか、そういう例は無いとは言わないけれど、それは僕らからしたら極めて少数であって、少数の例をもって一般化するのはどうかと思いますが。

被告　じゃあ、角岡さんが部落民だっていうのは、何をもって証拠としますかということですよ。何を証拠にしますか？

角岡　そう見られてるってことですよね。

被告　見られてるっていうのを裁判の証拠として、じゃあどうやって出すんですか？皆さんに見られてます、この人は部落民ですって、いろんな人に書いてもらうんですかね？

私は裁判の原告には入っていないので、部落民であることを証明する必要はありません。しかし、彼はそのことにこだわりました。誰が部落民かは、部落への流入・流出などの要因があるので、確かに彼の言うように曖昧な部分もあります。けれども、部落に生まれ育った者から見ると、誰が〝身内〟で、誰が〝身内でない〟かは、割合はっきりしています。大阪では、非部落民をあらわす〝ハク〟という言葉があるくらいです。

明治、大正のころから部落に移り住んできた人は、明らかに部落民であると言えるでしょう。親の代に移住してきた人は、本人も周囲も当事者と認識しています。祖父母以前ならなおさらです。要は〝内《かた》〟から見るか〝外〟〝境界〟から見るかの問題です。

先述したように、部落民を騙って同和対策事業を受けている人物がいないわけではありません。しかしそれは厳密にいえば不正受給であって、当事者や周囲が部落民と考えているわけではありません。

そのような例外をもって部落民の曖昧さを語るのは、無理があります。やはり例外を普遍化すると、話がどんどんずれてきます。

記者会見で被告は、なおも部落民の証拠を出せと言うので、私は質問を変えました。

角岡　じゃあ、なぜ差別があるの？

被告　……差別があるのは……あのね、まず差別っていう言葉の定義がすごく曖昧なんですよ。

そう言うと被告は、東京で起こった、部落名を記した冊子が差別か否かという事例を話し始めました。私はその問題について知りませんし、「差別とは何か？」という議論をしたかったわけではありません。

私が被告に聞きたかったのは、部落民の定義が曖昧ならば、なぜ部落差別があるのか、という点です。つまり、特定の人物が部落民であることを周囲が認識しているからこそ、差別―被差別という関係が成り立つわけです。部落民でなければ、そうではないと言えば済むだけの話です。

曖昧さをもって部落民はいないと普遍化すると、問題は見えなくなります。問題を無化するための議論と言えるでしょう。

「裁判所は相当ビビってる」

記者会見では、全国紙の新聞記者から質問がありました。「全国部落調査」が、裁判所から出版停止処分になったことはすでに書きました。被告は裁判所の意見書をヤフーオークションに出品しました。

「（それをすると）裁判所の心証が悪くなるんじゃないですか？」

記者の質問に、被告が答えました。

「いや、別に。仮処分の書類を売っちゃいけないなんて、法律にないですから。心証悪いんだったら、別にそれでいいじゃないですか。それで心証を悪くして、また無茶苦茶な判決を書いてくださいよって、僕は思いますから。……ていうか、心証が悪くなるんですかね。あれで？」

話がまったく交わっていません。裁判所に関する書類をオークションに出品するのは、彼以外の誰が見ても非常識です。そのような挑発的な行動が、今後の裁判に好影響を与えないことは、普通の大人であればわかると思うのですが、そのような常識はこの被告には通用しません。

「裁判所は相当ビビってると思いますよ」

被告はそう言うと、五、六人の警備員に囲まれて退廷したことを記者会見で報告し、「裁判所って、やっぱり部落が怖いのかなあっていうのは感じましたけどね」と述べました。

原告が二〇〇人を超える大きな裁判では、警備が厳重になるのはよくあることで、別に部落が怖いからではないでしょう。自意識過剰なのかもしれません。あるいは彼自身が、部落は怖いと考えていたのかもしれません。

ナンセンスな主張

新聞記者に続けて、私と同業者のノンフィクションライターの安田浩一さんが、被告を問い詰めました。

安田　部落差別の被害があるかないかっていったら、現実にあるっておっしゃってますよね。過去にもあったし、今もあるわけだし。そう考えた場合に、何をやりたいの？　つまり、差別をなくすためにやりたいのか、それとも構造的な問題を明らかにするために主張されたいのか。であるならば、何も（部落の）住所をあえて暴露的に出すことに、どれほど運動に寄与するのか、よくわかんない。

被告　あのですね……。私ね、（滋賀県東近江）市でも裁判してるし、鳥取でも行政訴訟してるんです。それは同和対策減免の裁判です。そもそも同和減免って、解放令に違反するでしょ。行政が違法行為をやってる。

解放令ってね、被差別部落に対する税の減免とかもやめろって書いてあるんですよ。なのに昭和になってね、減免してるんです。だから、それがおかしいって裁判したんです。それが却下になったんです。

確かに「解放令」には、賤民には免除されていた租税を徴収することが書いてあります。

解放令が発布されても、差別がなくならず、部落が低位に置かれたことはすでに詳しく書きました。それを改善するためにおこなわれた同和対策事業が「解放令」に反するという主張は、屁理屈にしか聞こえません。そもそも、明治時代と昭和時代の法律を同じ土俵で考えること自体がナンセンスです。

記者会見でこの被告は、自分が原告となった裁判で、その主張が却下されたのは、減免された地域が特定できないからだと言いました。ではなぜ特定できないかといえば

「部落の場所は建前上は秘密だから」だそうです。そう裁判所は判断したと言います。

そこで被告は、自分がどこが部落か探すしかないと決心したと、この記者会見で主張しました。いろいろ調べた結果、東京都内の大学図書館で、「全国部落調査」を見つけ出したというのです。

安田　うん、なるほど。それを広く知らしめることに、どんな意味があるんですか？

被告　逆で、じゃあ隠すことにどんな意味があるか、考えてくださいよ。百年後も隠します？　出版禁止にしますかって？　百年後の世界の人はね、これを隠す理由をどう説明します？

被告の演説は続きましたが、安田さんが最後に質問しました。

安田　わかりました。きょう原告側の陳述が三点ありました。一つは（「全国部落調査」の公表が）結婚差別・就職差別を助長するんではないかと。もう一つは、国や自治体や企業などがこれまで成し遂げてきた成果を破壊する行為ではないか。三つめは、これまで（部落解放運動や行政が反差別のために）重ねてきた努力を破壊するのではないかと。それを聞いて、どのように思われましたか？

被告 その努力の結果がこれでしょ。同和地区二〇〇〇カ所にランドマークが立ってるんですから。これが努力の結果ですよ。こんなもん、努力の結果なんか壊したほうがいいでしょ。

ランドマークというのは、「全国部落調査」などをもとに、被告がネット上で部落を特定し、地域がわかるよう目印を入れていることを指しています。むしろ自分の方が努力をして部落を特定した、国・自治体・企業・運動団体の取り組みなど壊してしまえばいい——そう主張しました。

ネット上の公開を制限

被告が原告の「当事者適格がない」、つまりは部落民を証明するものがないことを裁判の答弁書で問うたことは先述しました。原告側弁護団は、当初は戸籍を裁判所に提示し、部落民であることを証明しようとしました。それだと、相手の思うツボではないか、そんな土俵に乗る必要があるのか——。私はそう考え、一時は裁判に対する興味がなくなってしまいました。

その後、弁護団の機転により、裁判官や検察官の経験を持つ公証人が、原告の住民票と部落地名リストに掲載されている地名が一致していることを確認する制度（事実実験公正証書）を用いて、原告適格があることを証明し、裁判は進みました。

新型コロナウイルスの流行をはさみ、二〇二一年九月二七日、東京地裁はプライバシーを侵害したとして、「全国部落調査」の出版と、ネット公開の差し止めを認め、原告二一九人に、計四八八万円の賠償を命じました。ただ、原告がいない県は例外で、それらの地域の関連情報は、いまださらされ続けています。

原告・被告双方が控訴し、東京高裁は二〇二三年六月二三日に「人には差別を受けずに平穏な生活を送る人格的利益があり、法的に保護される」とし、部落の地名公表はこれらを侵害するとして、賠償額を一審の四八八万円から五五〇万円に増額しました。裁判所は原告の主張をより支持したと言えるでしょう。

原告と被告は、なおも判決内容を不服とし、最高裁に上告しました。

高校生の問題意識

その後、「全国部落調査」は、高校生をも巻き込む騒動に発展しました。

二〇一九年、フリーマーケットアプリに、「全国部落調査」の復刻版を製本したものが売りに出されているのを、佐賀県唐津市役所の職員が見つけました。復刻版の出版は裁判所が差し止めはしたものの、被告はそれをプリントアウトした上で、製本する方法までネット上で教えていました。

売りに出したのは、なんと高校生でした。現代社会の授業で、教師が「全国部落調査」の問題を伝えましたが、この高校生は「珍しい本だから」と印刷データを使って三冊印刷し、メルカリに出品しました。

「部落差別につながる認識はなかった。売れればいいな、くらいの安易な気持だった」

後に高校生は、出品した動機をそのように語っています（『西日本新聞』二〇二二年二月二一日付)。

授業中に現代社会の教師は、「全国部落調査」について批判的に紹介したはずですが、高校生にはきちんと伝わっていませんでした。部落のさまざまな情報がどのように利用されるのか、それを深く考えずに、小遣いになればいいと考えたからこその軽率な行動であると言えます。

地名や人名などの情報が、どのように使われるのか。使い方によっては差別につながりかねない。そのような情報をどう取り扱うべきか。そもそもそれらの固有名詞が、部落問題やその他の社会問題ではどのような意味をもつのか。「全国部落調査」をめぐる裁判や転売は、それらの課題を私たちにつきつけました。

「ありがたい」ツール

インターネットは、発信者と受信者が気軽にやりとりできる双方向性のメディアです。疑問や相談があれば特定のサイトに投稿し、誰かがそれに答えてくれます。どこが部落か、誰が部落民かを知りたい人にとっては、ありがたいツールと言えます。

人はどんな時に「どこ」が部落で、「だれ」が部落民であるかを知りたいのか。おおまかに言って、それが結婚と転居であることが、インターネットの相談サイトで垣間見ることができます。

二〇一五年一二月二八日に投稿された「知恵コレクション」（知恵コレ）というサイトに、次のような相談が掲載されました。

部落差別に無縁である証明方法を教えてください。

私の婚約者が部落出身者かもしれないということで、私の両親は結婚を反対しています。

根拠は、その地区に部落開放《ママ》センターがあったり、ネット上の地名総監《ママ》などです。

ちなみに、婚約者の両親とも上記からの根拠で可能性があります。

私は家族の進言もあり、悔しくてホントに辛いですが、婚約者が部落地区出身ならば、潔く別れようと思います。

（こんな結婚差別は絶対ダメなことは十分承知していますが、家族や親戚、将来の子供を考えさせられると、苦渋の決断をするしかないです。）

しかし、あくまで、「かもしれない」で反対されています。

私は、こういった話になって、やっぱり彼女と結婚して一緒にいたいと強く思うようになりました。

多少手間でも、そうでない証明を私の両親にしたいのです。

その方法として、現地に行ったりネットを見たりしましたが、やはり分かりませんでした。

ある程度、論文や地方の史実を辿るしか他人にはできないのでしょうか？

いまは、興信所も付き合ってくれないと聞きました。

他にいろいろ相談できずに、かなり精神的に追いつめられています……

非常に難しいのは存じておりますが、それでもどうか、ご指導・ご鞭撻のほどお願いします。

差別に利用されるネット

書かれていることが事実であれば、ネット上の地名総鑑、つまり「全国部落調査」が利用されていることがわかります。端的に言って、部落差別に利用されているわけです。

この相談に対し、〝釣り投稿〟であることを指摘する回答が、複数ありました。注目を集めるために質問をしてるだけで、目立ちたいだけの投稿者もいるようです。また、自問自答して、自分の主張を少しでも多くの人に見てもらいたいケースもあるようです。

この相談に対する回答もさまざまで、まさに玉石混交です。たとえば――。

あなた方御家族が拘《こだわ》る理由は、何処《どこ》にあるのでしょう？

それほど相手へのあなたの愛情は《薄い》と言うことですから、部落云々がクリアされたとしても、何らかの人を見下す差別意識が露見し、結婚生活は上手く行かなくなるでしょう。

的を射た回答だと私は思います。部落問題の話題が出れば、必ず次のような回答をする者もいます。


部落問題とかいうけど自称部落出身者とやらが優遇を引き出す為に差別差別と騒いでいるくらいしか部落問題とか聞いた事ないいんだけど。

だいたい今の就労世代のほとんどに部落問題ってナニ？って聞いても部落そのものが何だかよくわかんないって返ってくるよ。

つ～か部落出身者って今じゃ役所とかに特別就職枠とか持ってる既得権益者の総称じゃね？

実際には差別なんざ特にないし既得権益あんしむしろ美味しいと思うけどね。


『COMING OUT AS DALIT』（ALEPH、二〇一九年）という英書があります。著者のヤシカ・ダット（YASHICA DUTT）さんは、インドの被差別カースト・ダリト出身で、タイトルに「ダリトとしてのカミングアウト」とあるように、自身の出自について述べています。

この中で彼女は、ダリトの存在について、次のように書いています。以下は拙訳です。

上級カーストに対して、誰かがいかに留保制度が〝不必要〟で〝不公正〟であることを議論したい時だけ、ダリトはメディアに出てくる。私たちは甚大なる悲劇的な犠牲者か、腐敗し不道徳な日和見主義者か、どちらかなのである。

留保制度は、部落問題で言えば同和対策事業で、ダリトに対する優先的な就学・就労などを意味します。ダリトが、逆差別を生み、利権を引き出す集団としてしかメディアに登場しない悲哀を訴えています。

上記の回答は、マイノリティに対する施策に対する視線が、世界で共通していることをあらわしています。

同和対策事業が終了して二十年以上が経っても、なお〝既得権益〟を言いつのる者がいます。部落問題を聞いたことがないか、そのふりをしていているだけで、自分の視野が狭いことを一度も疑ったことがない人かもしれません。

差別がないのにそれを強調し、優遇を受けているという主張は、他のマイノリティに関しても、ＳＮＳなどで見受けられる現象です。

過度の心配は禁物

ネット上の部落情報が、まだそれほど詳しくなかった二〇一二年五月一九日。やはり知恵コレに、次のような投稿がありました。

> 妹の彼氏が、同和地区出身かもしれなくて。決して同和地区に住まれる方々を異色の目で見るつもりではありませんが、交際をしていく末には、やはり結婚もあるだろうし。。。 彼自身はマジメでいいこなのですが
> とても心配で、ネットのサイトで同和地区の場所を検索していますが、はっきりと明記されているサイトって、やっぱりないですね。。。
> どの地区に住もうと、皆同じ人間だと思うのですが、やはり結婚となると、家動詞《ママ》の

問題になるので、お互いが辛い思いをすると思うし。。かといって、本人に尋ねることもできず……悩んでます。

私の住んでいる場所は福岡県福岡市なのですが。

どうしたらいいと思いますか？


私は個人的には、結婚はしてもしなくてもいいと思っています。結婚を否定しているわけではありませんが、したいという人は応援します。部落出身者と結婚して幸せに暮らしている人は大勢います。ほとんどがそうでしょう。

質問者もそうですが、出身者と結婚したら何か問題が起こるように考えている人がいます。おそらくそれは、自分も差別されるのではないかという恐怖心ではないかと思います。

仮に部落出身者と結婚することで、差別を受けるようなことがあれば、闘えばいいのです。差別されることへの恐怖から部落を忌避するのは、私からすれば交通事故に遭うから外出を控えるのと同じです。そんなことを言えば、一生外に出られなくなってしまいます。
要は心配し過ぎる必要はないし、何かが起これればそれに対処すればいいだけの話なのです。それを手助けする人は必ずいます。いなければ探せばいいのです。

地域を出たらわからない？

妹の恋人が部落出身かもしれないという質問者の不安に対し、こんな回答がありました。

一部を抜粋します。

変な話、その地域から出たらもうわからないんですよ。
誰もわからない。
ってことは就職などの差別もないはずです。
そのばあいは人間性だけ見たらいいと思います。
あなたの結婚にも支障ありません。

私自身同和の相手と結婚していますが、本籍も変えたし（あまり意識していなかったのですが）
仕事も普通に大手ですし中身は真面目です。
ただ身内が微妙ですけどね＾＾
適当に付き合っているので生活には支障もないですよ。

部落から出たら部落民であることはわからないというのは、幻想です。仮にそうであれば、部落問題解決の方法は、部落外に移住するのがベストということになります。

住所や本籍を変えようが、その気になれば戸籍をたどっていけば、部落であることがわかります。変更の記録が残っているからです。興信所はどんな手を使ってでも、戸籍の閲覧や聞き込みなどで調べ上げます。

前にも述べましたが、そもそも差別問題の基本は、被差別者側にあるわけではありません。障害者が健全者になること、女性が男性になること、アイヌ民族が日本民族に同化することが重要な解決策ではない。

なぜ、自分が生まれ育った共同体を捨てなければならないのか。自分のふるさとを捨てたり隠したりする必要はないのです。

部落を出たらわからなくなるという回答者の意見に安心したのでしょう。質問者が、この回答を最も参考になった「ベストアンサー」に選んでいます。

質問者の妹が、部落出身者と結婚したとします。回答者のアイデアを採用し、部落を出たはいいが、何らかの差別を受けたら、質問者も妹も相当ショックを受けるはずです。部落を出ようが出まいが、差別を受けるかもしれないし、受けないかもしれない。大事なことは何度も言うように、差別を受けたらどうしようと不安をつのらせるのではなく、受けるかもしれないことを想定し、準備しておくことではないでしょうか。

あふれ出る偏見

誰と恋愛・結婚をするかは、少なくない人びとにとって重要なことがらですが、どこに住むかというのも大きな関心事です。相談サイトには、転居に関する問い合わせを散見します。その中に部落差別が含まれていることがあります。

「知恵コレ」の二〇一五年一二月二六日に、次のような投稿がありました。

マンションを買おうとしている土地が「部落地名総鑑」に載っていることがわかりました。

ネット上に流布しているもので、信憑性はないという話もあります。

その土地が本当に被差別部落かどうかを調べる方法を教えてください。

（中略）

先日、たまたま、このYahoo!知恵袋で被差別部落や同和地区の話題が上位に表示されており、何の気なしに読んだところ、自分が住んでいる場所、これからマンションを買おうとしているその場所が、ネット上の総鑑なるリストで被差別部落と書かれていることを知りました。


このあと、実家はいずれ売却するので、本籍地が購入予定のマンションの住所になること、近々結婚することなどをつづっています。自分が住む予定の場所と本籍地が、部落に該当することを恐れているようです。

この質問に対し、質問者が選んだベストアンサーには、次のように書かれていました。

「B」は部落を指す隠語です。

ネットで出回ってる「アレ」に地名が出ていたからといって直ちにB地区というわけではありませんが、少なくとも自分の県に関してはかなりの確率で「あたり」でしたよアレ。

自分が一時期住んでいた某市の賃貸マンションエリアも駅徒歩数分の環境でしたがガチBでした（すぐ近くに同和住宅団地ありましたし）。

最近は地名ロンダして分譲地にしてしまうところも多いので、いまの住所だとわからなくなっているのも多くありますが、その市町村の図書館で古地図と人権関係の本をあさればだいたいわかりますし、そもそも行けばわかります。

仮にそこに住んだからと言ってただちに部落民として差別されるわけではありませんが、戸籍の住所がそこになるというのはあまり気持ちの良いものではありませんし、正直、周囲の民度は最悪です。なにをするにも陰気臭いし、学校ではやたらと人権教育をうけます。

七割が差別的な回答

回答者が部落をどう見ているかがよくわかる文章です。回答者は、自分の経験から部落を避けていますが、その見識がどこにでも当てはまるのかは、はなはだ疑問です。陰気臭くない部落は、いくらでもあるからです。

二〇一五年の時点で、学校が人権教育に熱心であるというのも本当かな、という気がしないでもありません。なぜなら、二〇〇二年に同和対策関連の法律が終了してから、学校では教えられなくなったのが一部では問題になっているくらいですから。回答者が人権教育に否定的なのは、その内容に問題があったか、教えるから差別が連鎖するという、寝た子を起こすな論の考えの持ち主であったか、どちらかでしょう。

質問者はベストアンサーの回答者に対して、次のようにコメントしています。

具体的な回答ありがとうございました。自分自身は差別主義者ではありませんが、将来的に自分の戸籍がその住所になることで、特に子供がいわれのない差別を受けるようなことは避けたいと言うのが正直な気持ちです。

今すぐに引っ越すつもりはありませんが、マンション購入については考えなおそうと思っています。

子供の将来を考えて、というのは正直な気持ちだとは思いますが、そもそも本人が部落に対してマイナス・イメージを持っているのでしょう。自分は差別主義者ではないと主張していますが、加害者はえてして自分の立場がわからないものです。加害者側にいながら「いわれのない差別」と書く神経が理解できません。

ネットの相談サイトのアドバイスが、人生の大きな買い物であるマンション購入にまで影響しています。大きな買い物だからこそ慎重になるのは当然でしょう。それにしても、部落差別にかかわる記述が堂々と掲載されていることにも驚きを禁じ得ません。

三重県にある「反差別・人権研究所みえ」の調査によると、ヤフー！知恵袋の部落問題に関する一〇〇〇件の質問のうち、三割以上が「同和地区には恐ろしい人が多いと聞いたが本当か？」などの偏見に基づく投稿でした。

また、質問者が選ぶベストアンサーのうち七割が「（被差別者と）結婚すべきではない」「（土地は）購入しないほうがいい」といった差別的な回答でした。二〇一七年の調査でも同じような調査結果が出ています（『西日本新聞』二〇二二年二月一六日付）。

これらの調査結果は、少なくない人びとの中に差別意識が潜在的にあり、それが表出したと言えます。インターネットが普及することにより、それらが可視化されたわけです。差別の需要はいつの時代にもあり、それが見えるようになってしまいました。

悪びれず拡散する差別

ネットの利便性は言うまでもないのですが、部落問題に限って言えば（そしておそらく他の差別問題に関しても）楽観が許されないメディアと言えます。

部落差別は、反差別運動や国・自治体の取り組みにより、かなり改善されてきました。かつては、部落出身者と結婚したり、企業に出身者を受け入れたりするなど、考えられない時代が長く続きました。同和対策事業によって環境は改善され、就労保障、奨学金の給付などで様々な格差も以前より随分ましになったと言えるでしょう。

私が大学生だった一九八〇年代は、キャンパス内の差別といえば、まずは落書きを指したものです。トイレなどの個室に、何者かが「エタ」などの賤称語をマジックで書き、大学当局が確認した上で消していました。私が所属していた部落解放研究部は、そのたびに大学に声明を出させたりもしていました。

落書きの特徴は、誰がいつ実行したかわからないところにあります。ある種の陰湿さ、後ろめたさがありました。

ところがネットの相談は、相談者も回答者も匿名（ハンドルネーム）なので、書き手が誰かはすぐに特定できませんが、悪びれたところがまったくない。差別落書きは人間にたとえると、人目につかない路地裏を目立たないように歩いている印象がありますが、ネットの相談と回答は、大勢がいる中、堂々と大通りを歩いているように思えます。質問にしろ回答にしろ、投稿するまでのハードルが低い。また、それが大事《おおごと》にもならず、日常の風景になってしまっています。

このように、双方向性の参加型のメディアは、時として差別を内包し、また拡散することもあります。インターネットはその利便性、影響力から言って、紙媒体とは次元が違う影響力を持ちます。何千、何万人ものネットユーザーが、気軽にセンシティブな情報に接しています。

国が部落差別の存在を認める

インターネットで無秩序に部落に関する情報が拡散されるのを日本政府も放置できなくなりました。

二〇一六年に「部落差別の解消の推進に関する法律」が制定、施行されました。第一条は、以下のように書かれています。

この法律は、現在もなお部落差別が存在するとともに、情報化の進展に伴って部落差別に関する状況の変化が生じていることを踏まえ、全ての国民に基本的人権の享有を保証する日本国憲法の理念にのっとり、部落差別は許されないものであるとの認識の下にこれを解消することが重要な課題であることに鑑み、部落差別の解消に関し、基本理念を定め、並びに国及び地方公共団体の責務を明らかにするとともに、相談体制の充実等に定めることにより、部落差別の解消を推進し、もって部落差別のない社会を実現することを目的とする。

一文が二〇〇字以上もある、異様に長い、役所特有の悪文です。要は①部落差別が存在すること②情報化社会によって部落差別に変化が起きていること③国や自治体が相談体制を充実させなければならないこと、を訴えています。

第一条の一文は長いけれど、法律全体はこれより短い文章が六条あるだけです。しかもこれは理念法と言って、これこれこうだからこうしましょうという努力目標が書かれてあるだけで、罰則や規制はありません。差別しないようにしましょうねと言われてやめる人は、まずいません。何度も言うように、そもそも差別している人は、その自覚がありませんから。

とはいえ、国が部落差別の存在を認め、啓発や相談事業など何らかの方策を採らなければならないと謳ったことには意味があります。

部落問題に関する事業が二〇〇二年に終了してから十四年が経ち、再びこのような法律が制定されることを誰が想像したでしょう。それほど世の中が変化したと言えます。しかしこの部落差別解消推進法の施行後、さらにネットを取り巻く状況は変化していきます。それまで文字や静止画像が掲載されていたのですが、部落を動画で撮影した映像がアップされるようになりました。

「人でなく、部落を撮りたい」と言う男

初期の部落の動画を制作していたのは、全国部落調査をネットに上げ、被告になったあの男でした。

「着きました。部落探訪してまいります」

「かつて戦乱の世の中だったので、戦に備えて武具を作らせるために（賤民を）移住させたんじゃないかと言うことも（資料に）書いてあります」

「同和対策を国がやったわけですけど、その結果どうなったかというと、まあご覧の通りということで。二戸一（二戸が連なった住宅）が建ち並んで、ここが同和地区だっていうのがあからさまになるという状態になるということがあって……同和に関する法律を作ったために、江戸時代と同じようなことをしてしまったと」

男は自らカメラを持ち、部落を撮影しながら、地域の成り立ちなどを語り続けています。

二〇二二年に公開されたドキュメンタリー映画『私のはなし　部落のはなし』（満若勇咲監督）のひとコマです。部落問題を多角的な視点で捉えた作品で、「全国部落調査」や部落を撮影した動画をネットにアップしている男をインタビューしています。

「若干、盗み撮りしている感があるんですけど」

監督の問いに、男が答えています。

「それはあなたに言われたくないというか……。じゃあ堂々と撮ったらいいのかっていうのも、微妙なところでしょ？　やっぱ、住民としては迷惑でしょ？　そんな、いかにも撮ってますって感じでうろつかれると。僕も何でも配慮なしに（部落の画像を）上げているように言われるけど、あんまし子供とかは撮らないですよ。幼稚園の中とか、さすがに、それは。細かな配慮はしているんです。人を撮りたいわけじゃないですから、僕は。やっぱり部落を撮りたいんであってね。なるべく目立たないようにやってるんですよ」

男は部落の撮影が、住民にとっては迷惑であることを自覚しているようです。人を撮りたいわけではないと語っていますが、人物が画像に映るとプライバシーにかかわる問題になりかねないからでしょう。細かな配慮というよりは、自己防衛と言えるかもしれません。

とはいえ、人ではなく部落を撮りたいだけ、というのは、意外に本音かもしれません。人間に関心があれば、何の許可もなく撮影し、動画に上げることなどできるものではありません。地名を出してそこが部落であることを晒すことによって、さまざまな問題が起きることもあるからです。

男がネットにアップする一連の動画では、部落の地名を出した上で、地域の建物や風景を十数分から数十分間、映し出しています。

「世の中、いろんな趣味があるからね。自分の場合は、ちゃんと収益が出るようにもしている」

男は、西日本新聞の取材にそう語っています（二〇二二年二月九日付朝刊）。部落を映し出した動画の撮影・制作を「趣味」と語りつつ、それを稼ぎにしていることを明かしています。

気味の悪い浅はかさ

私も何度か、この男が制作した動画を視聴したことがあります。郷土史などの資料に書いてあることを得々と語るシーンを見ながら、何の自信があってこんなことができるのかと思うと、こちらが恥ずかしくなったものです。調べたことをしゃべるのが好きなんだろうな、自己顕示欲が強い人物だなという印象だけは伝わってきます。

同時に気味が悪いなあとも思いました。勝手に自分が住む地域を映され、自慢げにその歴史を語られて、撮影される側がありがたい、嬉しいと思う人はそうはいないでしょう。

であるからこそ、映画の中のインタビューで「やっぱ、住民としては迷惑でしょ？」と語っているわけですが、撮影対象が部落であろうがなかろうが、知らないところで映像がネットにアップされるということ自体が気味が悪いものです。

ましてや紹介される場所が例外なく部落なのですから、地域の歴史を考えるとその行為は浅はかとしか言いようがありません。

やがてこの男を真似て部落の動画をアップする人物が、次々に現れます。テロップには「日本最大のタブー」などのおどろおどろしいキャッチコピーや、「士農工商エタ非人」など数十年前にタイムスリップしたかのような解説が入ったものも少なくありません。

これらの動画に対して、若手の部落出身者や研究者が結成した「ABDARK」(Anti-Buraku Discrimination Action Resource Center) が、二〇二二年一一月からユーチューブなどのプロバイダーに、部落の動画の削除を求める署名活動をネット上で始めると、たちまち二万六〇〇〇筆の署名が集まりました。

見たがる視聴者が多いから、あるいはそれが儲かるから、次々と同じような動画がスタートしたわけですが、それらを快く思わない人も多かったわけです。

ABDARKの署名運動が功を奏したのでしょう。大手動画サイトのユーチューブは、署名運動が始まった翌月に、「ヘイトスピーチに関するポリシー（指針）に違反した」として、例の男が部落を映した動画一九〇本を削除しました。

ヘイトスピーチとは、特定の団体・グループに対する差別扇動のことです。ユーチューブの指針には以下のように書かれています。

YouTubeはヘイトスピーチを容認しません。YouTubeのポリシーのもとで保護対象グループへの所属を示す以下の属性に基づき、個人や集団に対する暴力や差別を助長するコンテンツは許可されません。

年齢、社会的階層、障がい、民族、性同一性や性表現、国籍、人種、在留資格、宗教、性別、ジェンダー、性的指向、深刻な暴力的出来事の被害者とその親族、従軍経

験

アメリカで創業されたユーチューブは、アメリカ社会を前提にした個人・集団を想定しているので、日本の部落問題に当てはまる項目は見当たりません。

また、アメリカでは何よりも表現の自由を重視します。差別扇動を含む自由があってはならないはずですが、これまで部落の動画は放置されていました。ですが、反対署名の多さに驚いたのか、動画削除を決断したのです。

差別しやすい時代

以後、部落を映し出した動画は、インターネット上からは、少なくはなりました。とはいえ完全になくなったわけではありません。部落を映した比較的新しい動画は、ユーチューブが削除してから、内容には気を付けているようですが、前にも述べたように、「士農工商エタ非人」から始まる古色蒼然とした説明から始まるものも珍しくありません。

部落の動画が多く見られているということは、差別が関係あるなしにかかわらず、関心を持たれているということです。部落を知りたければ、動画で見るだけでなく、本を読んで調べたり、実際に自分で行ってみることです。運動団体であれ個人であれ、視察を受け入れてくれるはずです。

情報化社会は、知識や技術を人間がどう使いこなすのか、という古くて新しい問題を喉元に突きつけています。自己顕示欲と部落差別が、これほど接近した時代はこれまでになかったのではないか。つくづくそう思います。

また、これほど差別しやすい時代も、これまでになかったのではないでしょうか。前に述べましたが、以前は相手が部落出身者かどうか、興信所に依頼し、高額な料金を払って調べていましたが、現在はネットで調べたり、相談したりすることができます。

仮にネット情報が規制されても、いったん発信された情報を保存し、個人的に拡散することは不可能ではありません。情報化社会は、差別しやすい社会でもあるのです。

だからこそ、差別しにくい社会を考えなければなりません。ではそれは具体的にどういう社会なのか。最終章で考えていきましょう。

第四章

Finally　最後は——被差別部落の残り方

本当の部落の姿

部落出身者でこの問題をテーマにして執筆していることから、講演に呼ばれることがあります。

二〇二〇年に、高知県で話す機会がありました。講演会は県の主催で毎年開催されており、さまざまな人権問題を、当事者や関係者が語ります。講師は自分のテーマを事前に地元紙に寄稿します。私は以下の文章を書きました。少し長いですが、全文を引用します。

部落差別はなぜ残るのか

被差別部落で生まれ育ち、主に差別問題をテーマに取材している私は、年に何度か人前で話をする機会があります。

「あなたにとって、かけがえのないものは何ですか？」

ときおり、参加者にそう問いかけます。すぐに答えが返ってくる人もいれば、考え込む人もいます。あなたなら、何を挙げますか?

これまで百人を超える人に答えてもらいましたが、一番多かったのは「家族」でした。家族の中でも「子ども」と答える人がけっこうおられます。血縁でつながっている。また、短くない時間を共有した身内が、多くの人にとって、かけがえのないものとして存在しているわけです。

「ふるさと」と答える人も、少なくありませんでした。生育地は、家族とも密接に結びついています。つまり家族=血縁と、ふるさと=地縁は、私たち人間にとって、なくてはならないものであると言えます。「私たち人間」と書きましたが、大げさな表現ではありません。洋の東西を問わず、国家や地域は、この二つによって成り立っていると言っても過言ではありません。

どこに生まれ育ち、誰と住むのか、誰によって育てられたのかは、どうでもいい話ではありません。それらが人に与える影響は、少なくありません。もちろん、部落出身である私を含めてです。

地縁と血縁という人生を決定付ける重要な要素に、差別が忍び寄ることがあります。そのひとつが、部落差別です。誰とどこに住むか、どういう家族を築くかという局面で（結婚差別が思い浮かびます）、部落出身者が排除されることがあります。

部落問題は謂《いわ》れのない差別と表現されますが、私に言わせると謂れがないわけではありません。家族と地縁を過剰に気にする人が、特定の集団・個人を排除する。それが長い間、続いてきたわけです。意識するしないにかかわらず、私たちはそのような文化の中で生活しています。

部落問題を伝えるから意識してしまう――。そのような声をよく聞きます。いわゆる〝寝た子を起こすな〟という考え方ですが、私は意識するのは、けっして悪いことではないと考えています。なぜなら、そういう文化土壌があるからです。問題は、ある共同体やそこに属する人々を蔑《さげす》むことではないでしょうか。

部落問題を取り巻く状況は、ここ数年で大きく変化しました。インターネットの普及により、真偽はともかく、どこが部落か、誰が部落民かを詮索、暴露する情報があふれています。誤った情報を含め、簡単にそれらが手に入る時代になった今、本当の部落の姿を知ることが重要ではないでしょうか。意識し続ければ、新たな人や情報との出会いがあるかもしれません。(『高知新聞』二〇二〇年六月二六日付)

地縁と血縁は多くの人にとって〝かけがえのないもの〟ですが、それが部落差別にも関係してくることを書きました。

地縁と血縁を重視する象徴として、日本の首都・東京の真ん中に居住する天皇・皇族についても触れたかったのですが、長くなるので割愛しました。

「こだわらない」は良いことなのか

私の文章が掲載されて約一週間後に、高知市内に住む、当時七九歳の男性(Kさん、以下投稿者の名前はイニシャル表記します)が、投書欄に反論を寄稿してくれました。

部落問題を考える

6月26日の本紙「『心呼吸』人権シリーズ①」に、「なぜ部落差別は残るのか」という角岡伸彦氏（フリーライター）の文章が紹介されました。疑問を感じたので私見を述べます。

一つは、自らを「部落出身者」と位置づける考え方です。そのような規定は、自ら「違い」を強調し垣根をつくることになり、「こだわり」の克服に逆行するのではないでしょうか。どうなれば「部落出身者」でなくなるのでしょうか。

二つ目は、部落問題を「血縁」でとらえる考え方です。だから自分を「出身者」と認識するのではないでしょうか。それは間違っていると主張すべきではないでしょうか。旧身分にかかわるこだわりや差別を民族や人権と同じ「血縁」としてとらえると解決には到達しません。

三つめは、現状認識の問題です。現在、部落も部落民も法的、制度的に存在しません。行政が答えることもできません。18年前に、地域や人を線引きしていた特別措置法は終結しています。ネットの書き込みがあるからといって、「本当の部落の姿を知ることが重要」との主張は理解できません。

最後に展望の問題です。交流が進み、こだわりがうすれれば、部落問題は日常的課題でなくなります。ネットの書き込みや落書きがあっても、解消への道をとめることはできないと考えます。

どうなれば部落出身者はなくなるのか？　部落民が血縁にこだわる必要があるのか？　そもそも部落や部落民は存在するのか？　当事者のこだわりがなくなれば、部落問題は解決するのではないか？

いずれも重要な視点です。こだわっているのは、まずは差別をする側ではないかとは思うのですが……。

出自を明らかにしても差別されない社会

ひょっとするとKさんは、数カ月後に私が講師を務める講演会に聞きに来られるかもしれない――。そう考えた私は、講演会の当日、この反論に答える内容を話しました。講演後に質問する時間はあったのですが、誰も手を挙げませんでした。どうやらKさんは来られていないようでした。なので私は、反論に対する反論を投書欄に寄稿しました。文字数が限られているので体言止めを多用しています。したがって文章は少し下品で、冷たい印象があります。タイトルは自分で考えました。

出自を名乗る意味

私が6月26日付本紙に書いた「なぜ部落差別は残るのか」へのK氏による反論「部落問題を考える」が、七月四日付声ひろばに掲載された。四つの論点に再反論を試みたい。

①部落民規定。自分で「部落出身者」と位置付けるのは〈自ら「違い」を強調し垣根をつくることになり、「こだわり」の克服に逆行する〉との意見。

部落問題を伝える文章で当事者を名乗るのは当たり前のこと（他の差別問題も同じ）。

K氏が部落出身者に対して何らかの「違い」を感じ、垣根を作ってしまっていることを吐露している。

②部落問題を血縁でとらえる考え方。〈旧身分にかかわるこだわりや差別を民族や人権と同じ「血縁」としてとらえると解決には到達しません〉。万人にルーツがあり、各自がそれを考えることは重要。ルーツの序列化こそが問題。

③現状認識の問題。〈ネットの書き込みがあるからといって、「本当の部落の姿を知ることが重要」との主張は理解できません〉。間違いや偏見を含め、ネットでどれだけ部落に関する情報が飛び交っているかを知らないからだろう。まさに現状認識の問題。

④展望の問題。〈交流が進み、こだわりがうすれれば、部落問題は日常的課題でなくなります〉。地縁や血縁を価値付けるのが部落差別。親交を深めても、垣根を作られてしまうことがある。だから出自を名乗る必要があるのだ。

私の再反論のほかにも、私たちの論争に参加し、投書する人もあらわれました。Kさんの反論に対し、次のような意見が掲載されました。一部を抜粋します。

「障がい者差別のない社会」とは、障がい者のいない社会なのか、障がい者が差別されない社会なのか。また「女性差別のない社会」とは、女性のいない社会なのか、女性が差別を受けない社会なのか。

すぐに「障がいがあること、女性であることを理由に差別を受けることのない社会」とイメージできました。すると「部落差別のない社会」とは、「部落出身者がいない社会ではなく、部落出身を明らかにしても差別されない社会」であるとの結論に至りました。

そんな折り、4日付声ひろばの投稿「部落問題を考える」の「部落差別のない社会」を「部落出身者のいない社会」と考えておられるような発想に、強い違和感を覚えたのです。そして「語り伝えられる偏見や思い込み、ネットでの拡散等を解決していく〝志〟を失ってはならない」と、思わず叫んでいる私がいました。

部落民は存在しないのか

寄せられた意見に、Kさんは再び投書しました。

阻害要因の解消を

私の「部落問題を考える」の投書に何人かの意見が紹介され、議論できることをうれしく思っています。7月19日付の「強い違和感を覚えた」というTさんの投書に、私も同様の思いを持ちましたので、率直に意見を述べます。

一つは、障害者差別や女性差別と部落差別を同列に扱っていることです。部落問題に違いを持ち込むことは、根本的な誤りではないでしょうか。今は、「部落」と「非部落」という違いはないと思います。部落問題の解決は、「部落民」としての解放ではなく、「部落民」からの解放だと考えます。

もう一つは、制度としてできたものは、その制度がなくなれば消滅していくもので、継承するものではないということです。現在、武士階級が存在しないと同じように部落民も同和関係者も存在しません。かつて存在していたことは歴史的事実ですし、記憶や思いを持っている人はいると思います。しかし、教育や啓発、行政施策の中で、今も存在しているかのように扱うのは不当だと思います。事実をゆがめ、誤読や偏見を与え、問題解決に逆行するからです。

一九八六年の地域改善対策協議会の「意見具申」は、阻害要因、新しい差別意識を生む要因として四つを提起しました。①行政の主体性の欠如②同和関係者の自立向上の精神のかん養の視点の軽視③えせ同和行為④同和問題についての自由な意見の潜在化傾向。

部落も非部落も違いはない。公的な場で、あたかもそれが存在するかのように扱うのはおかしい。部落問題の解決は、部落民という概念をなくすことであって、残すことではないというのがKさんの論旨です。

しかし、政府の諮問機関である地域改善対策協議会が提起した、部落問題解決を阻害するさまざまな要因は、そもそも部落と部落民の存在を前提としています。そんなものは存在しないはずというKさんの主張とは相容れません。同和関係者（部落民）の自立には賛同しながら、部落民の存在を否定するのは矛盾しています。

なかったことにできない

ともあれKさんの主張は、部落問題は今さら取り上げる必要はないという考えで一貫しています。私はもう一度、自分の考えをまとめて投稿しました。今回もタイトルは自分で考えました。

被差別部落の残り方

私が書いた文章（6月26日付「なぜ部落差別は残るのか」）を機に、この問題が論じられている。

私なりに論点を整理しておきたい。

賤民制は1871（明治4）年に廃止されたが、差別は残った。差別は被差別部落（民）と格差を生み、後者を解消するため30年余にわたって同和対策事業がおこなわれた。

実は差別のみならず、同対事業や同和教育を含む反差別運動も、部落を残してきた。インターネットの普及で、部落の存在感は増している。

「部落差別は存在しない」といくら差別する者に強調しても、意味はない。4年前に施行された「部落差別の解消の推進に関する法律」には「現在もなお部落差別が存在する」「情報化の進展に伴って部落差別に関する状況の変化が生じている」と明記されている。

〝無い〟ものを差別できないことや情報化社会が部落差別に深く関係していることは、国も認めている。

歴史の〝負の遺産〟を本当の遺産に変える必要がある。現に貧困や非行など、被差別部落が取り組んできた取り組みを部落外に広げている地域も存在する。部落が残るのは、けっして悪いことではない。要は残り方である。

最後の方にある「取り組んできた取り組み」は言葉が重複しているので、下手な表現ですね。なぜ気付かなかったのか……。

それはさておき、私がここで言いたかったことをあらためてまとめてみます。

部落は差別を媒介にして残った。部落出身者であることを名乗るのは、差別をなくすため、あるいは理想的な社会を目指すためであって、好んで引き受けているわけではない。差別に対峙する反差別運動は必要だったが、それがまた部落を残す結果につながった。けれども莫大なエネルギーと予算をかけておこなわれた同和対策事業や同和教育によって、結果的に意識化・区画化された部落は、今さらなかったこと、ないことにはできない。

情報化社会が部落を残す、あるいは明確化することは、本書で何度も述べてきました。部落差別の解消の推進に関する法律の内容にも触れていますが、私は国の方針だから、あるいは法律があるからといって部落問題を考えるべきとは必ずしも思っていません。そうであろうがなかろうが、考えなければならない社会問題は、たくさんあるからです。

国の方針によって、考えなければならないテーマが変化するのは、むしろ問題です。ただ、国が何らかの取り組みを始めるのは、それなりの事情や背景があるということは、おさえておく必要があります。

同和対策事業は、それに伴う不正があったとはいえ、部落差別をなくすためには必要でした。事業やそれによってより明確になった部落・同和地区も、やはりなかったことにはできないのです。よくも悪くも、さまざまな記録と人びとの記憶に残っているからです。

Kさん（および多くの人）は、部落は残らないほうがいいと考えているのではないでしょうか。実は私もそう思っています。なにせ部落差別の副産物なのですから。誤解のないように付け加えますが、なくなるのは「部落」や「部落民」という概念の話であって、それらが物理的になくなればいいと主張しているわけではありません。そういったカテゴリーが残るのは、あってはならないと言いたいのです。

部落は現に残っているし、これからもそれらは、よし悪しは別として残り続けるだろうと私は予測しています。ないがしろにできない地縁や血縁が、私たちが生きる上で重要な要素だからという話は、高知新聞に書いた通りです。

部落が残るのならば、どのように残るのがいいか――。いっそのこと、そう発想を変えたほうがいいのではないか、というのが、私の考えです。部落を残してはならない、という考えにとらわれる必要はないのです。

ルーツに優劣を持ち込むな

人は何らかの節目で、物事を思いだしたり、思慮したりします。

二〇二二年三月三日は、被差別部の人たちが立ち上がった全国水平社が、創立一〇〇周年を迎えた日でした。メディアや人権団体によっては、それを記念した取り組みがおこなわれました。

東京都が発行する冊子で、水平社一〇〇年を特集するにあたり、私は以下の文章を寄稿しました。部落問題を考える意味やKさんとのやりとりで話題になった、部落と部落外との違いについても触れています。

「身近でない人」がそばにいる多様性

一九二二年の全国水平社の設立からさかのぼること約半世紀。一八七一年に明治政府は、エタ・非人などの賤民制を廃止した。にもかかわらず、旧賤民に対する差別はなくならなかった。水平社の創立大会に参加したある人物は、当時の心境を次のように語っている。

「そのときの気持ちはうれしいというか恐ろしいというか、何ともいえない気持ちでした。我々はそれまで部落のことを隠そう隠そうとしていたのに、自分の方から看板かかげて、大会を開くというわけでしょう。何でそんなことするのかという思いと、何とかせにゃならんという期待が入り交ざった、何ともいえない気持でした。会場に行っても、入ろうかこのまま帰ろうか、だいぶ逡巡《しゅんじゅん》しました」（『証言・全国水平社』福田雅子、日本放送出版協会、一九八五年）

被差別部落で生まれ育った私は、この複雑な心境がよくわかる。負の歴史の副産物である被差別部落（民）は、本来はあってはならない存在だ。なくなったはずの賤民が、差別を媒介として残ってしまったのだから。

　水平社創立大会の当日に配布された「宣言」には「吾々がエタである事を誇り得る時が来たのだ」と記されている。私たちは旧賤民＝部落民ではないと否定したのではなく、肯定した。部落解放運動は当初から、なくなったはずの存在を認めることから始まった。

　部落は差別があるから存在するのだが、反差別運動もそれを残してきた。差別反対を訴えるためには、自分のルーツを認めざるを得なかった。私の祖父ふたりは、水平社が設立された翌年に、差別発言に抗議したため弾圧を受け、有罪判決を受けた。

　それから半世紀――。

「君たちも差別を受けるかもしれない。差別に負けないよう地域の歴史を学ぼう」

　地域住民や教師にそう言われて、私は育った。自分のルーツを頭の片隅に置きながら、大人になった。どんな立場の人であっても、自らのルーツを受け止めることは大事である。それを踏まえて自分がどう生きるか、生きたいかを考えることは重要ではないか――。私はそう考えるようになった。その意味で、水平社創立や祖父たちの闘いには意味があった。

　これまで見てきたように、部落民とそうでない者を分ける重要な要素のひとつは、ルーツである。「あなたたちと何が違うのか」と部落民は「同一性」を訴えてきたが、私は部落問題を「違い」「多様性」として語るべきだと考えている。というのも、たとえば私は、よくも悪くも、部落にルーツを持つ者として物事を考えている。この私もまた、歴史の副産物なのである。問題は、ルーツに優劣を持ち込むことであろう。

「私の身近に部落民はいない」「部落差別なんて聞いたことがない」。部落問題の話になると、そう言いつのる人がいる。自分に「身近でない問題」は、いくらでもある。地域、世代、可視・不可視、教育、無関心などの要因によって、各問題との距離は異なる。

　だが、身近でないと突き放した瞬間に、多様な人びとによって成り立つ社会が、自分から遠ざかってしまう。たとえば日本国籍を持つ私が、外国人問題、あるいは海の向こうの戦争は、身近でないと考えることはいいことなのだろうか？

　日本で東京ほど多種多様な人間が住む都市はない。わたくしごとを言えば、身内を含めて、被差別部落にルーツを持つ人を何人も知っている。身近に「身近でない人」がいることを頭の片隅に置く。それが多様な社会を認め、その一員である自分が生きやすくなる第一歩だと私は考えている。『TOKYO 人権 VOL. 94』（二〇二二年、東京都人権啓発センター）

ルーツを考えることに例外はない

部落問題を長年考えてきて行きついたのは、ルーツを考えることの普遍性です。NHK総合に『ファミリーヒストリー』という番組があります。有名人のルーツを何代にもわたってさぐっていくのですが、本人も知らない事実（たいがいの人は、先祖が何をしていたのか知らないのですが）が、次々と明らかになります。

ご本人や視聴者が何に関心を持つのかというと、過去と現在がつながっているという感覚、時間や文化の連続性ではないでしょうか。両親や祖父母、その上の世代の言動が、時空を超えて本人に何らかの影響を与えていることが少なくないのです（ある人物のルーツを調べるため、かつての身分が書かれた過去帳を寺院が見せようとしたシーンが問題になりましたが）。

Kさんとのやりとりの中でも書きましたが、「万人にルーツがあり、各自がそれを考えることは重要。ルーツの序列化こそが問題」なのです。

日本には、いろんな人が住んでいます。アジアや南米、アフリカにルーツを持つ人も増えています。彼らが自分の家族の歴史を考えるのは大切なことです。先祖代々にわたって日本に住むと考える日本人も同じです。

ルーツをたどっていくと、身分社会にも踏み込んでいくことになります。「明治時代でストップ！」というのも変だし、不自然です。

たとえば私は、賤民のルーツだからこそ考えられることがあるのではないかと思うのです。自分が差別をされない、しないで生きるにはどうするか。また、部落出身者を自覚することで社会に貢献できたとすれば、それはそれでルーツを考える意味があると思うのです。

概念としての部落民は、差別を媒介として残ったので、その意味で〝あってはならい〟のですが、残り方によっては〝あったほうがいい〟かもしれない。

実際に部落の中には、被差別の歴史を隠さずに、さまざまな社会問題に取り組んでいる地域があります。

たとえば拙著『ふしぎな部落問題』（ちくま新書、二〇一六年）で取り上げた、大阪の箕面《みのお》市にある北芝《きたしば》という地域は、部落であることを明らかにしながら地域内外のさまざまな問題に取り組んでいます。

被差別部落は、貧困、非行、低学力、過度な飲酒など、さまざまな社会問題が集中していました。部落解放運動や同和行政、同和・解放教育はそれに対処してきたわけですが、その結果、社会問題を解決するノウハウが蓄積されたわけです。

それを部落外にも活用できるのではないか、と北芝の人たちは考えました。その際に、地域が部落であることを隠さないという選択をしました。なぜなら被差別の歴史があったからこそ、さまざまな問題に取り組むノウハウが蓄積されたからです。差別の歴史はあってはならないけれど、それに抗う運動や行政はあってしかるべき。その財産を絶やすのではなく継承しよう。そう考える部落住民がいるのです。

そのような部落や出身者は、残るべきではないか。また、個人や地域が、それを目指せばいいのではないか。そう私は考えます。

ルーツを考えることの重要性については、多くの人が賛同するのではないでしょうか。では部落のルーツは、その例外でしょうか？　在日コリアン、華僑、南米、アフリカ系のルーツを考えるのはオッケーだけど、部落についてはそっとしておきましょう。そんなことが可能でしょうか。あるいはそれは合理的な考え方でしょうか？　ルーツを考えるのに、例外はないはずです。

部落出身者の視点

部落問題はかなり大雑把に言えば、同じグループ内の差別だと言えます。部落と部落外に明確な〝差異〟がありません。ところが差別によって、格差や貧困が発生したり、部落産業と呼ばれる食肉・皮革などに関係する仕事も生まれたりしました。

つまり、まったく違いがない、とは言えない。中には人種や民族が違うと思っている人もいます。言葉では言いあらわせないけど何かが違う、怖いと思っている人もいる。

その意味では偏見の度合いが強い差別と言えるかもしれません。「違い」の理解を訴えるのが、マイノリティ問題の基本なのですから。

他のマイノリティとの比較で言えば、部落と非部落とでは違いが少ないと言えます。けれども私は、『TOKYO人権』で書いたように、部落にルーツを持つことを前提にものごとを考えているのです。

考えてみればそれは当たり前のことで、障害者や女性は、それぞれの立場でものごとを感じ、また思考しているわけです（個人差はかなりあるとは思いますが）。

自分のルーツを自慢したり、他人のそれを貶《おとし》めたりする人を見聞きすると、私の心はざわつきます。

「日本人というだけで何を誇るんや！」

「○○人というだけでひとくくりにするんか！」

そう心の中で毒づいています。

そう思うのは、私が部落出身者であると自覚しているからに他なりません。それがいいか悪いかは別として、差別や反差別の運動・制度の中で、私がそう思うようになった。

さんざん言われてきて（思わされてきて）、今さら自分が部落民とは違うとは思えないのです。

とにかく、私は部落にルーツを持つ者としてものごとを見ている。これを違いと言わずして、何と言うのでしょう。〝違い〟は、まさに自分の中にあったのです。ルーツを原点とした視点・思考は、部落民すべてに普遍化できるとは思っていませんが、一人称単数としては言えます。部落出身である私は、マジョリティとは明らかに違うのです。

この考え方をつきつめると、けっきょく一人ひとりが違うとも言えます。他者とは共通点もあれば、相違点もある。ある人物とは共通点が多かったとしても、価値観や感じ方が何もかも同じということは、まずあり得ません。人によって価値観は異なるのですが、そこに差別が入り込むことを警戒し続けることが肝要ではないかと私は思うのです。

みんなが関係者になる社会

Kさんは私とのやりとりの中で〈部落問題の解決は、「部落民」としての解放ではなく、「部落民」からの解放だと考えます〉と述べています。これはご本人も書いているように、部落民という概念をなくしてしまえばいい、学校などでそれを教えたり、行政が取り組む必要はないという考え方です。

それに対して私は、部落と部落民は、なかなかなくならない、それは日本の文化と密接に関係し、インターネットの普及がそれを補強するからだと述べてきました。部落民と名乗っても差別されない社会、「部落民」としての解放を考えています。

とはいえ、部落問題を取り巻く状況は変化し続けています。部落から部落外へ、その逆に、部落外から部落内へ移り住む人が増えています。また、かつては差別があるため、部落民同士の結婚がほとんどでしたが、現在はそういったケースは珍しくなっています。つまり、どちらかの親あるいは祖父母が部落出身ではないという人が増えているわけです。

換言すれば、部落民の境界が以前に比べてわかりにくくなっている。これは何も部落に限ったことではなく、在日コリアンやその他のマイノリティにも言えることでしょう。時代の変化にあわせた部落問題の新たなとらえ方が必要になってきているのではないか。そう思うのです。

部落はなくならない、なくなりにくい。ならば残り方を考えるべきではないかと前に述べました。その核になるのは、人です。人こそが、共同体や街や文化をつくり出します。どんな人＝後継者を育てるかは、どの組織・共同体にも共通する課題と言えるでしょう。

これまで私は、部落にルーツを持つ人たちを「部落民」あるいは「部落出身者」と書いてきました。では、部落出身者と非出身者との間に生まれた子供は何と呼べばいいのでしょうか？　祖父・祖母だけが部落民の人は？　片方あるいは双方の親が部落を出て生まれた子供は？

彼ら彼女たちを「部落民」「部落出身者」と呼ぶには無理がある、と私は考えます。では何と呼べばいいのか？　私は「部落関係者」という概念を以前から提唱しています。血縁あるいは地縁で部落と結びつく人は、「関係ない」とは言いきれません。

そもそも部落民は、あくまでも〝みなされる存在〟でした。差別する側にとっては、片親が部落民でなかろうが、部落を出て住んでいようが部落民と見ることがあります。

そうである限り、「私は違う」と言っても、あまり意味がない。部落民を構成する要素を満たしていると見られているわけですから、「それが何？」と開き直る方がいい。開き直れないのは、部落をマイナスに見ているからに他なりません。変えようがないものを誇ったり、卑下したりする必要はないのです。

スイッチを「ON」にする

マイノリティや差別を考える上で何が問題かというと、自分には関係ないと突き放してしまうことではないでしょうか。『TOKYO人権』で書いたように、「身近でない」と考えることで疎遠になってしまう。それが自分の世界を狭めてしまっているかもしれないと考えることは重要です。

地縁と血縁で部落と関係する人を「部落関係者」と呼ぶことを私は唱えていますが、実はそれだけではありません。部落問題を自分と関係ないと思わない人。これも関係者に含めたい。地縁と血縁はないけれども「自分に関係ある」と思うこと。これが重要なのです。頭の中のスイッチを「ON」にするのです。

「部落問題は身近ではない」「関係ない」と考えることで、本当に関係がなくなってしまう。それは自分が日本の歴史や社会とは無関係であると宣言するに等しい。

そう考える私は、他のマイノリティの関係者になる必要があると考えます。必ずしも当事者になる必要はありません。頭の中のスイッチを「ＯＮ」にすることから、情報を仕入れたり、当事者に会ったり、その場所に行ったりすることにつながります。多くの人びとが何らかの「関係者」になることによって、少しでもましな社会ができるのではないか、と私は考えています。

どの社会問題を優先・重点的に考えるか、何が身近かそうでないかという発想ではなく、双方向・相互・互換関係が大事だと思うのです。

では、部落関係者はいつまで続くのか。ルーツは変わらないので、いつまでも続きます。何度も言うように、残り方が大事なのです。

少し視点を変えてみます。一九四五年の八月六日は広島、九日は長崎に、米軍が原子爆弾を投下しました。多くの犠牲者が出て、現在もさまざまな症状に苦しんでおられる被爆者がいます。二つの都市が被爆地であり、日本が被爆国であることは、これからも変わりません。二度と繰り返してはならないことを肝に銘じるとともに、私たちは核兵器にどう向き合うのかをこれから先も考え続ける必要があります。その営為には終わりがない、終えてはならないはずです。

要は歴史のどの部分を繰り返さず、何を継承するか、という問題です。

どんな問題も「関係ない」と思わない

部落が身近でないという問題について考えましたが、差別があるか否かという点についても述べておきたいと思います。

部落差別はいまだあるのだから、考える必要がある。そう言われ続けてきました。それはその通りだとは思います。では差別がなくなれば、考えなくてもいいのでしょうか？

差別があるから部落問題を考えようという考え方は、「そんな問題は知らない。聞いたことがない」という人たちにとって、あまりリアリティがありません。加えて「どれくらいあるのか」という〝量〟の問題を言い出す人も出てきます。心の中のモヤモヤや、見えにくい差別は、数量化することが困難です。以前に比べて差別が〝まし〟になったからといって看過すべきではないし、知らないことは考えなくていい理由にはなりません。そんなことを言い出せば、ほとんどの社会問題は知る必要がないことになってしまいます。

かつて賤民身分が存在し、それが近代以降も部落問題として残ったというのは、差別があろうがなかろうが（残念ながらまだあるのですが）、常識として知っておいたほうがいい。

差別があろうがなかろうが、どの問題も関係ないと思わない。そしていろんな関係者になる——。これが私が部落で生まれ育った意味を考え続けてたどりついた結論です。

あとがき

二〇〇五年に上梓した『はじめての部落問題』（文春新書）の序文で、『人種問題』（田村博一・中山容・福本麻子訳、晶文社、一九九五年）という分厚い本から、アメリカの黒人の保険外交員が自らの立場を語った言葉を引用しています。

アメリカで黒人だということは、むりやりサイズのあわない靴をはかされているようなものです。うまくあわせられる人もいるでしょう。それでも、けっしてはき心地はよくない。でもそれしか靴がない。だからはくしかない。好ききらいなんていってられない。で、はき心地のわるさに耐える。耐えられない人もいるけれど。拒否する人もでる。もの静かにしてる人も、敵意をむきだしにする人も、根は共通なんです。つまり、はき心地のよくない靴をはいているわけです。

あらためて読むと、作家でもジャーナリストでもない保険外交員の巧みな表現にうならされます。

このあと私は、自分の立場に引き付けて「部落民であることのかすかな違和感を代弁してくれているように思った」と述べた上で「私はものごとにこだわる性格なので、違和感を持ちつつも部落民という靴を履きつづけている」と続けています。「かすかな」と言いつつも、二度もその言葉を使っているというところを見ると、かなり違和感があったんですね。

あれから二十年近くが経ちました。「サイズのあわない靴」は、ふしぎなことにはいているうちに、足になじんできました。最終章で書いたように、私は部落で生まれ育ったことを前提にものごとを考えています。これは一生変わることはないでしょう（変わったら、それはそれで面白いのですが）。

「蟹《かに》は甲羅《こうら》に似せて穴を掘る」ということわざがあります。さまざまな辞書には、人は自分の身分や力量に合ったことをする、と書かれています。「身分」という言葉が現在も普通に使われていることに驚きますが、それはさておき、私はよくも悪くも「部落民」「部落出身者」という「甲羅」に合わせて生きてきたのかもしれません。

けっきょくどうあがいても、生まれ育った場所や親や祖先は、変えることはできないのです。ならばそこから逃げるのではなく、むしろ足場にして思考し、行動してみる。そうすることによって自分の世界が広がるのであれば、与えられた甲羅に合わせるのも悪くないのではないか。そんなふうに考えるようになりました。


「誰もいない荒野に、君一人だけがいたらどうする?」

英会話の先生の問いかけにヒントを得て、私の少年時代から現在に至るまでの半生(反省)をたどってきました。ちなみに、その問いに対する私の答えは以下でした。


「firstly(最初は)」「泣き叫びます」

「then(それから)」「私は誰?　と考えます」

「afterthat(そのあとは)」「ポケットに食べ物がないか探します」

「finally(最後は)」「自分が入る墓を掘ります」

生き延びることが不可能であることを悟った私は、文字通り墓穴を掘るのです。いかにも悲観主義者の私を物語るストーリーではありませんか。

別の生徒は「けがをしてないか体をチェックする」「見回したあと、歩き始める」「飲み水がある川と、実がなる木をさがす」「枝で地面に〝ヘルプミー〟と書く」と答えました。

生きる希望を捨てていません。こうあらねばと反省したものです。

〝荒野に一人〟は、架空の状況ですが、部落問題は現実です。こちらは部落民・出身者の墓を掘るのではなく、与えられた環境を受け入れた未来志向の話になったのではないかと自負しています。

二〇二四年　盛夏

角岡　伸彦

ちくまプリマー新書

074
ほんとはこわい「やさしさ社会」
森真一
「やさしさ」「楽しさ」が善いとされ、人間関係のルールである現代社会。それがもたらす「しんどさ」「こわさ」をなくし、もっと気楽に生きるための智恵を探る。

079
友だち幻想
――人と人の〈つながり〉を考える
菅野仁
「みんな仲良く」という理念、「私を丸ごと受け入れてくれる人がきっといる」という幻想の中に真の親しさは得られない。人間関係を根本から見直す、実用的社会学の本。

169
「しがらみ」を科学する
――高校生からの社会心理学入門
山岸俊男
社会とは、私たちの心が作り出す「しがらみ」だ。「空気」を生む社会そのものの構造を解き明かし、自由に生きる道を考える。KYなんてこわくない！

262
レジリエンス入門
――折れない心のつくり方
内田和俊
人生には心が折れやすくなる時期がある。どうすればそれを乗り越え、成長できるのか。心の自然治癒力＝「レジリエンス」を高め、たくましく生きる方法を伝える。

316
なぜ人と人は支え合うのか
――「障害」から考える
渡辺一史
障害者を考えることは健常者を考えることであり、同時に自分自身を考えること。なぜ人と人は支え合って生きるのかを「障害」を軸に解き明かす。

ちくまプリマー新書

317
ある若き死刑囚の生涯
加賀乙彦
キリスト者として、歌人として、生と死に向き合った死刑囚・1968年の横須賀線電車爆破事件の犯人純多摩良樹の後半生の壮絶な生き様を豊富な資料を元に描く。

359
社会を知るためには
筒井淳也
なぜ先行きが見えないのか？　複雑に絡み合う社会を理解するのは難しいため、様々なリスクをうけいれざるを得ない。その社会の特徴に向き合うための最初の一冊。

363
他者を感じる社会学
――差別から考える
好井裕明
他者を理解しつながろうとする中で、生じる摩擦熱のようなものが「差別」の正体だ。「いけない」と断じて終えるのでなく、その内実をつぶさに見つめてみよう。

367
地方を生きる
小松理虔
いま地方にこそ可能性が広がっている。これまでと違った視点でみれば、新たな魅力と課題が浮かんでくる。仕事、暮らし、苦労などローカルな生き方をお伝えします。

386
「日本」ってどんな国？
――国際比較データで社会が見えてくる
本田由紀
家族、ジェンダー、学校、友人、経済・仕事、政治・社会運動について世界各国のデータと比較し、日本がどんな国か考えてみよう。今までの「普通」が変わるかも⁉

ちくまプリマー新書

438
ケアしケアされ、生きていく
竹端寛
ケアは「弱者のための特別な営み」ではない。あなたが今生きているのは赤ん坊の時から膨大な「お世話」＝ケアを受けたから。身の回りのそこかしこにケアがある。

448
ニッポンの数字
――「危機」と「希望」を考える
眞淳平
縮みゆくこの国を待ち受ける未来は暗いのか？　社会を考えるための論点各々を、数字をベースに考えると、「危機」と「希望」の両面が見えてくる。

458
ネットはなぜいつも揉めているのか
津田正太郎
日々起きる事件や出来事、問題発言をめぐって、ネットユーザーは毎日のように言い争っている。終わりのない諍いを生み出す社会やメディアのあり方を考える。

460
社会学をはじめる
――複雑さを生きる技法
宮内泰介
調査は聞くこと、分析は考えること、理論は表現すること。この社会のことをみんなで考えてなんとかしたい人のための、三つの基礎が身につく入門書。

471
フィールドワークってなんだろう
金菱清
自分の半径五メートルから飛び出し、はじめて目にする世界に飛び込もう。考え方がひっくり返り、社会の見え方が変わるはず。じっくり話を聞くコツもわかる。

chikuma primer shinsho

ちくまプリマー新書 477
よりみち部《ぶ》落《らく》問題《もんだい》
二〇二四年十二月十日　初版第一刷発行
著者　角岡伸彦（かどおか・のぶひこ）
装幀　クラフト・エヴィング商會
発行者　増田健史
発行所　株式会社筑摩書房
東京都台東区蔵前二－五－三　〒一一一－八七五五
電話番号　〇三－五六八七－二六〇一（代表）
印刷・製本　株式会社精興社
ISBN978-4-480-68511-7 C0236 Printed in Japan